Islam

Hinduismus

Buddhismus

Ich heiße Dan und bin 9 Jahre alt.
Ich bin Jude.

Judentum

Oft werde ich gefragt:

Glaubt ihr an denselben Gott
wie die Christen?

Glaubt ihr auch an Jesus?

Warum tragt ihr beim Beten
so eine komische Kappe?

Gibt es bei euch auch
Weihnachten und Ostern?

Welche Feste
feiert ihr?

Was heißt
eigentlich koscher?

glauben

Meine Religion ist eine der ältesten der Welt. Vor ungefähr 4000 Jahren kam Abraham mit seiner Familie nach Kanaan. Das ist heute Israel. Gott schloß mit ihm einen »Bund«, also eine Art Vertrag. Darin hat er sich verpflichtet, unser Gott zu sein. Und wir haben uns verpflichtet, seine Gebote zu befolgen. Wir glauben an denselben Gott wie die Christen. Wir glauben, daß es nur einen einzigen Gott gibt, der die Welt erschaffen hat. Er ist mächtig, gütig und barmherzig zu den Menschen. Seinen Namen sprechen wir nicht aus. Wir glauben, daß Gott in unserer ganzen Geschichte immer dagewesen ist und unser Volk »erwählt« hat. Das heißt, er hat sich gerade unser Volk aus den vielen Völkern der Menschheit ausgesucht und mit uns einen Vertrag geschlossen. Wir sind aber deshalb keine besseren Menschen. Wir haben nur mehr Pflichten zu erfüllen. Jesus ist für uns nur ein jüdischer Mensch. Er ist nicht der Sohn Gottes oder der Messias. Auf den Messias, den Gesandten Gottes, warten wir noch immer. Wenn er gekommen ist, wird auf der Welt immer Frieden herrschen, und es wird keine Ungerechtigkeit mehr geben.

Unser heiliges Buch, die hebräische Bibel

Unsere Bibel ist euer Altes Testament. Sie ist auf hebräisch geschrieben und besteht aus 24 Büchern, die in drei Abschnitte eingeteilt werden.

1. Das erste Buch ist die »Tora«: das sind die fünf Bücher Mose.
2. Zu den »prophetischen Büchern« gehören die vier geschichtlichen Prophetenbücher: Josua, Richter, Samuel und Könige. Wir nennen sie auch die »früheren Propheten«. Dann kommen die »späteren Propheten«: Jesaja, Jeremia und Ezechiel, sodann die 12 »kleinen Propheten«.

Kipa (Käppchen),
Gebetsschal, Torarolle
und siebenarmiger Leuchter (Menora)

Der Talmud

3. Zu den »Schriften« gehören Psalmen, Sprüche und das Buch Hiob, die »fünf Rollen«: Hoheslied, Ruth, Klagelieder, Prediger, Esther; schließlich die »geschichtlichen Schriften«: Daniel, Esra, Nehemia.

Besonders wichtig ist der *Talmud* für uns. Dieses Buch, das aus vielen einzelnen Büchern besteht, ist von unseren bedeutendsten Gelehrten geschrieben worden und sagt uns, wie wir die Bibel heute richtig verstehen und anwenden sollen.

Unsere großen Feste

Rosch Haschana

Wir haben viele Feste. Unsere Feste beginnen alle am Abend des Vortages und enden mit dem Sonnenuntergang. Rosch Haschana ist unser Neujahr. Dieser Tag ist aber kein so lustiges Fest wie Silvester oder Neujahr bei euch und liegt auch nicht im Januar, sondern im September. Unser jüdisches Neujahr ist ein ernster Tag. Wir erinnern uns daran, daß Gott die Welt erschaffen hat. In der Synagoge – so heißt das Gebäude, in dem wir uns zum Gottesdienst versammeln – hören wir die Geschichte von Abraham, der auf Gottes Befehl seinen Sohn Isaak opfern soll. An *Rosch Haschana* wird der *Schofar* auf eine ganz besondere Weise geblasen. Der Schofar ist ein Horn vom Schafbock oder Widder. Wenn wir den Klang dieses Horns hören, denken wir an Abraham, der es nicht übers Herz brachte, seinen Sohn zu töten. Stattdessen opfer-

An Rosch Haschana (jüdisches Neujahrsfest) wird der Schofar (das Widderhorn) geblasen.

te er ein Schaf. An Rosch Haschana bereuen die Juden, was sie im vergangenen Jahr Böses getan haben. Zehn Tage denken sie darüber nach, was sie im neuen Jahr besser machen könnten und nehmen sich dies fest vor.

Zu Neujahr schicken wir allen unseren Verwandten und Bekannten Grußkarten, mit denen wir ihnen ein »gutes und süßes Jahr« wünschen. Wenn wir nach dem Gottesdienst aus der Synagoge kommen, essen wir einen Apfel, den wir in Honig tauchen – für uns das Zeichen für ein süßes Jahr.

Jom Kippur

Nach Rosch Haschana kommt *Jom Kippur*, das »Fest der Versöhnung«. Es liegt im September bzw. Oktober. Jom Kippur ist unser heiligster Tag. Dann entscheidet Gott über unser Schicksal im kommenden Jahr, und auch über das Schicksal der ganzen Menschheit. Alle Erwachsenen fasten an diesem Tag. Am Ende des Fastentages wird in der Synagoge der Schofar geblasen.

Sukkot

Für uns Kinder ist das Laubhüttenfest, *Sukkot*, besonders schön. Das ist eine Art Erntedankfest im Herbst und dauert neun Tage. Es soll uns zeigen, daß unsere Vorfahren während ihrer Wanderung durch die Wüste in Laubhütten leben mußten. Auch heute baut jede Familie im Garten, auf dem Hof oder Balkon so eine Laubhütte, die man »Sukka« nennt. Jede Gemeinde stellt eine Sukka für die Leute zu Verfügung, die keine eigene bauen können.

Ich helfe meinem Vater immer beim Bauen der Laubhütte. Tagelang vorher suchen wir Holzlatten, Planken, Nägel, Hammer, Draht und anderes Baumaterial zusammen.

Wenn wir die Wände fertig haben, legen wir grüne Zweige auf das Dach. Wir schmücken die Hütte mit Girlanden, Blumen und ausgeschnittenem Papierobst. Am ersten Sukkotabend steht ein Leuchter auf dem Tisch. Das Essen in der kleinen Hütte ist wie ein Picknick und richtig gemütlich.

Chanukka

Wenn ihr Advent feiert, haben wir unser *Chanukka*-Fest. Es ist ein Lichterfest, genauso wie eure Adventszeit. Der Reihe nach zünden wir Kerzen an. Aber nicht vier, sondern acht. Acht Tage lang, jeden Abend eine, kurz nach Sonnenuntergang, bis schließlich alle acht Kerzen brennen.

Der Grund für diesen Brauch ist schon über 2000 Jahre alt: Die Juden wurde damals von dem syrischen König Antiochus IV. Epiphanes unterdrückt. Dieser mächtige Herrscher hatte befohlen, daß alle Bewohner seines Reiches, also auch die Juden, die griechischen Götter verehren sollten und verbot die jüdische Religion, die nur einen einzigen Gott verehrt. Der Kö-

An Chanukka, dem achttägigen jüdischen Lichterfest, wird jeden Tag eine weitere Kerze am acht-armigen Leuchter angezündet.

nig ließ viele heilige Orte und Gegenstände unseres Glaubens zerstören.

Damals lebte jedoch ein mutiger Mann unter den Juden: Judas Makkabäus. Er schaffte es, mit wenigen tapferen Männern eine Widerstandsbewegung aufzubauen, die den Aufstand gegen den syrischen König plante. Sein Name verrät noch, wie mutig dieser Mann gewesen sein muß. »Makkabäus« heißt nämlich: der »wie ein Hammer« zuschlägt. Der Aufstand war erfolgreich. Die Juden erhielten ihren Tempel zurück, den sie reinigten und neu einweihten, also feierlich in Gebrauch nahmen.

Damit sind wir beim Namen dieses Lichterfestes. Chanukka heißt »Einweihung«.

Als die Juden den zertrümmer-

ten achtarmigen Leuchter im Tempel fanden, schmiedeten sie aus ihren Waffen einen neuen. Nun hatten sie zwar wieder einen Leuchter, doch womit sollten sie Licht machen? Sie

Ölkrug und Olivenbaumzweig

brauchten Öl dazu. Schließlich fanden sie einen kleinen Krug mit Öl, das die Römer nicht beschmutzt hatten, das aber höchstens für einen Tag reichte. Doch der wundersame Leuchter brannte ganze acht Tage lang!

Zur Erinnerung an dieses Wunder entzünden wir jeden Abend von Beginn des Festes an eine weitere Kerze am Chanukka-Leuchter.

Zum Anzünden benutzen wir eine zusätzliche Kerze. Dieser »Diener« hat seinen besonderen Platz auf dem Leuchter, der insgesamt neun Arme hat.

Ich habe wie meine Geschwister Ruth und David einen eigenen Chanukkaleuchter. Wenn wir unsere Kerzen anzünden, singen wir ein Lied, das an die Einweihung des Tempels erinnert:

O starker Fels meiner Rettung –
es ist schön, dich zu preisen.
Stelle das Haus meines Gebets
wieder her –
und wir werden dir dort ein
Dankopfer darbringen.
Wenn du den gotteslästerlichen
Feind vernichtet haben wirst,
dann werde ich mit einem feier-
lichen Lied die Weihe des Altars
vollenden.

Wir stellen den Chanukkaleuchter immer ins Fenster, damit man ihn von der Straße aus sehen kann. Jeder soll miterleben, welches große Wunder damals vor 2000 Jahren geschehen ist. Außerdem weiß dann jeder Jude, der vorbeikommt, die wievielte Chanukka-Nacht gerade ist.

In unserer Religion ist noch ein anderer Leuchter wichtig, nämlich die *Menora*. Sie hat sieben Arme und ist das Sinnbild des Staates Israel.

Menora

Chanukka ist ein schönes Fest, zu dem nicht nur Lichter erstrahlen, sondern zu dem wir uns auch gegenseitig beschenken. Wir wollen Licht und Freude weitergeben.

Meine Geschwister und ich freuen uns immer auf das Spielen mit dem *Trendel*. Das ist ein

erinnern, dessen Inhalt acht Tage lang ausreichte.

Und so wird gespielt: Jeder Teilnehmer bekommt zehn bis fünfzehn Pfennigstücke. Es können auch Rosinen, Nüsse oder Streichhölzer sein. Eins davon tut jeder Spieler in die Mitte, in den sogenannten »Topf«. Dann

Trendel

würfelförmiger Kreisel. In die Flächen des Trendels sind vier hebräische Buchstaben geschnitzt: »Nun« bedeutet »nichts«; »Gimmel« »alles«; »Heh« bedeutet »halb« und »Shin« heißt »tu hinein«. Wenn man alle Buchstaben hintereinanderliest, ergibt sich folgende Bedeutung: »Ein großes Wunder ist geschehen«. Das soll uns an den Ölkrug

dreht jeder Spieler am Trendel. Ist das »Nun« oben, also das »nichts«, dann bekommt der Spieler natürlich nichts. Steht »heh« oben, so erhält er die Hälfte des Inhalts aus dem Topf. Bei »Gimmel« gibt es den ganzen Topf. Bei dem Buchstaben »Shin«, also »tu hinein«, muß der Spieler zwei Münzen oder Knöpfe usw. in den Topf werfen.

Purim

●●●●●●●●●●●●●●●●●●●●●●●●●●●●

Purim ist ein tolles Fest. Weil wir uns da verkleiden können. Wir denken zu Purim an die Errettung vor dem bösen Haman und führen die Geschichte als Theaterstück auf.

Haman war ein einflußreicher Mann am Hof des Perserkönigs, in dessen Reich viele Juden lebten. Haman wollte die Juden vernichten. Da ging die tapfere Esther zum König und erreichte,

daß den Juden nichts Böses geschah. Vorher hatte sie für den Erfolg ihres Bittgesuchs gebetet und gefastet. Deshalb findet noch heute vor Purim das Esther-Fasten statt.
Am Festtag selbst wird ein Gedenkgottesdienst abgehalten.

Wir dürfen Rasseln und Süßigkeitstüten in die Synagoge mitnehmen. Immer wenn während der Bibellesung der Name Hamans fällt, machen wir mit den Rasseln kräftig Lärm.

Faschingsszene zu Purim

Pessach

Wenn ihr Ostern feiert, feiern wir *Pessach*. Acht Tage dauert dieses große Fest, und es beginnt mit dem *Sederabend*. Schon Wochen vor dem Pessachfest geht es hoch her. In vielen Familien wird das ganze Haus auf den Kopf gestellt. Da wird geputzt und gefegt, damit nur ja alles blitzblank ist.

Zum Sederabend haben wir einen schönen Brauch: Die Kinder suchen nach den Brotkrumen, die ihre Eltern vorher im Haus versteckt haben. Wir zünden eine Kerze an, und dann geht die Suche durch das ganze Haus oder die Wohnung los. Wenn wir alle Brotstückchen gefunden haben, schieben wir sie mit einer Feder auf einen Holzlöffel, um sie am nächsten Morgen zusammen mit den Brotkrumen zu verbrennen. Dieser Brauch hat etwas mit unserer Geschichte zu tun. Vor 3000 Jahren befand sich unser Volk in ägyptischer Sklaverei. Eines Tages verließen die Israeliten Hals über Kopf das Land, weil der Pharao – das war der ägyptische König – sie verfolgte. Da hatte niemand mehr Zeit, sich gründlich auf die Flucht vorzubereiten. Deshalb konnte man auch kein richtiges Sauerteigbrot mehr backen. Das brauchte ja Zeit. Deshalb darf sich zu Pessach in jüdischen Wohnungen und Häusern kein bißchen Sauerteig finden.

Der Sederabend ist jedes Jahr ein großes Ereignis. Vor allem für uns Kinder. Damit es ein richtiger Sederabend wird, sind folgende Dinge wichtig: Auf dem Tisch liegen drei Scheiben *Mazzen*. So heißt auf hebräisch das ungesäuerte Brot. Außerdem hartgekochte Eier, ein angebratener Lammknochen, bittere Kräuter, eine Schale mit einem bräunlichen Brei aus gehackten Nüssen, geriebenen Äpfeln, Rosinen, Feigen und Wein. Dann stehen da noch Petersilie und ein Gefäß mit Salzwasser.

Jede einzelne Speise hat ihre besondere Bedeutung. Alle erinnern sie an den Auszug aus Ägypten: Die drei Mazzen versinnbildlichen das Brot, das die Israeliten bei ihrer Flucht noch rasch herstellen konnten. Die Eier sollen auf das Erwachen der Natur im Frühling hindeuten und bedeuten also neues Leben. Sie können aber auch Zeichen der Trauer sein und Zeichen des Grabes. Der Lammknochen erinnert uns an das Lamm, das die Israeliten früher Gott opferten. Die bitter schmeckenden Kräuter sollen uns an den harten Sklavendienst in Ägypten denken lassen, und das bräunliche Gemisch in der Schale sieht genauso aus wie der Lehm, aus dem die Ziegelsteine hergestellt wurden, die damals für die Gebäude des Pharaos gebraucht wurden. Es ist nicht schwer zu erraten, was das Salzwasser bedeutet: Das sind die Tränen der Juden in der Zeit ihrer großen Unterdrückung.

Vor der Mahlzeit trinken die Erwachsenen, die angelehnt sitzen, ein Glas Wein. Dann tauchen wir die Kräuter in das Salzwasser und essen sie. Während der Mahlzeit wird von der mittleren Mazze ein kleines Stück, der »Afikoman«, abgebrochen und für den Schluß aufgehoben. Ein Kind versteckt ihn, und erst wenn er gefunden worden ist, kann die Mahlzeit beendet werden.

Weil ich der jüngste Sohn bin, darf ich immer die »vier Fragen« stellen. Jedesmal bin ich vorher ganz schön nervös. Das sind sie:

Warum ist diese Nacht so ganz anders als die übrigen Nächte?

In allen anderen Nächten essen wir Gesäuertes oder Ungesäuertes, diese Nacht jedoch nur Ungesäuertes?
Warum essen wir bittere Kräuter?
Warum tauchen wir unser Essen zweimal ein?
Warum essen wir in angelehnter Weise?

Angelehnt sitzen durften damals nicht die Sklaven, sondern nur die freien und vornehmen Männer. Wenn wir das Sedermahl in dieser Haltung einnehmen, soll das unsere Freude über die Freiheit von den Ägyptern zeigen. Wenn ich alle vier Fragen gestellt habe, erzählt mein Vater die Geschichte vom Auszug aus Ägypten. Dann trinken die Erwachsenen ein zweites Glas Wein. Nach der Segnung der Mazzen findet das festliche Essen statt. Bei uns gibt es immer Mazzenklößchensuppe und »Gefillte Fisch«. Das ist ein großer ausgehöhlter Fisch, der mit Fischmasse und allerlei leckeren Zutaten wieder gefüllt wird. Wir essen dieses Gericht kalt. Am

Der Davidstern –
religiöses Emblem
des Judentums

Ende der Mahlzeit trinken die
Erwachsenen ihr drittes Glas
Wein. Dann werden Psalmen aus
der Bibel gesprochen, und die
Erwachsenen trinken ein viertes
Glas Wein.
Ein Platz am Tisch bleibt immer
frei. Und dort steht auch immer
ein besonderes Glas Wein für
den Propheten Elia, auf den wir
warten und der den Messias an-
kündigt. Elia gibt sich aber nicht
zu erkennen. Vielleicht kommt
er als Asylsuchender oder Bettler
zu uns. Die Haustür steht offen,
damit er hereinkommen kann.
Viele schöne Lieder singen wir

am Sederabend. Zum Schluß
wünschen wir uns gegenseitig:
»Nächstes Jahr in Jerusalem!«
Dieser Spruch drückt die Sehn-
sucht aller Juden aus, einmal im
Leben nach Jerusalem zu kommen.

Schawuot

Das *Schawuot*-Fest erinnert daran, daß Mose von Gott die
»Zehn Gebote« erhalten hat. Wir
schmücken dann unsere Wohnung und Synagoge mit Zwei-
gen und Blumen.

meinem Leben

Beschneidung

Am achten Tag nach der Geburt bin ich beschnitten worden. Der Mohel (Beschneider) hat die Vorhaut meines Gliedes entfernt.

Das ist ein Zeichen dafür, daß ich Jude bin und daß Gott mit uns einen »Bund«, also einen Vertrag, geschlossen hat.

Bei der *Beschneidung* habe ich dann auch meinen Namen bekommen.

Die Beschneidung

Bernd, ein elfjähriger deutscher Junge aus Köln, besucht eine befreundete Familie in Israel. Dabei nimmt er an der Bar-Mizwa-Feier seines Freundes Dan teil. Am Abend der Bar-Mizwa-Feier erzählt Dans Familie Bernd von der Sitte der Beschneidung.

Einer hatte Dan während der Bar-Mizwa-Feier ganz besonders bewundert; das war sein Freund Bernd aus Köln.

Zwar konnte er kein Wort verstehen, weil alles in Hebräisch gesprochen und gesungen wurde, aber sein Vater hatte ihm vorher erklärt, worum es ging: »Ein Glück, daß ich bei meiner Konfirmation keine Predigt zu halten brauche«, hatte Bernd gedacht, als Dan bei Tisch seinen kleinen Vortrag hielt.

Nach dem Abendessen saßen alle um den großen Familientisch und sahen sich Fotos an aus vergangenen Jahren. »Seht mal hier,« rief Rachel, »Dan am Tage seiner Beschneidung!« Ein pausbackiges Babygesicht war auf dem Bild zu sehen. »Wie süß er doch damals war!« neckte Rachel ihren kleinen Bruder. Alle lachten.

Bernd stutzte: Beschneidung? Davon hatte er noch nichts gehört. »Was für eine Beschneidung denn?« fragte er Dan. »Die Beschneidung ist für uns Juden so wichtig wie für euch Christen die Taufe«, antwortete Dan. »Nur wer beschnitten ist, ist wirklich Jude. Am achten Tag nach der Geburt wird jeder jüdische Junge beschnitten: Die Vorhaut seines Gliedes wird abgeschnitten. Das ist das ›Zeichen des Bundes‹ zwischen Gott und dem Volk Israel. Es ist ein Zeichen am Leibe, weil nicht nur unsere Seele Gott gehört, sondern auch unser Körper.«

»Tut das denn nicht weh?« fragte Bernd weiter.

»Sicherlich tut das ein bißchen weh, aber das ist nicht so schlimm. Der Mohel (Beschneider) saugt die Wunde vorsichtig ab und legt ein schmerzstillendes Pflaster darauf. Es ist wirklich nicht so schlimm, wie du vielleicht denkst. Es gibt auch viele Nichtjuden, die ihre Söhne beschneiden lassen, um Entzündungen unter der Vorhaut zu verhüten. Aber bei uns ist es das Bundeszeichen, das wir annehmen, weil Gott es so will.« Dan war wirklich ein Bar-Mizwa! Wie gut er alle Fragen beantworten konnte! Aber Bernd wollte noch mehr wissen.

»Wie ist das denn bei den Mädchen?« fragte er etwas zögernd. »Die können doch nicht beschnitten werden? Sind die dann keine echten Juden?«

»Natürlich sind jüdische Mädchen genauso Juden wie jüdische Jungen! Die Beschneidung ist eben ein Gebot, das sich nur auf die Männer bezieht. Für die Frauen gibt es auch besondere Gebote und Vorschriften, die nur sie betreffen und nicht die Männer. Die Frau hat z.B. die Aufgabe, zu Hause das Sabbatlicht anzuzünden und den Lobpreis dazu zu sprechen.«

Dans Mutter hatte dem Gespräch zugehört. »Mann und Frau sind verschieden,« sagte sie zu Bernd, »darum ist es doch ganz verständlich, daß es auch unterschiedliche Aufgaben und Gebote für sie gibt. Mädchen kann man nicht beschneiden, aber darum sind sie doch nicht weniger Juden als die Jungen. Am achten Tage nach seiner Geburt bekommt das Mädchen seinen Namen genau wie der Junge, und wir feiern diesen Tag genauso wie den Beschneidungstag des Jungen.«

Johann Friedrich Konrad

Bar-Mizwa und Bat-Mizwa

Mit 13 Jahren wird ein Junge *Bar-Mizwa*, das heißt »Sohn der Pflicht«. Die Jungen legen dann zum ersten Mal die »Gebetsriemen« an und zählen von nun an beim »Minjan«. Das ist die notwendige Mindestzahl von 10 Anwesenden für einen Gottesdienst. Bar-Mizwa ist ein ähnliches Fest wie eure Konfirmation. Die Jungen haben vorher Unterricht und lernen, hebräische Texte zu lesen. Mädchen werden mit 12 Jahren *Bat-Mizwa*, »Tochter der Pflicht«. Sie müssen kein Hebräisch lernen, und ihr Fest ist leider nicht so schön wie das der Jungen.

Wie und wo wir unseren Glauben leben

Weil Gott mit uns einen »Bund« geschlossen hat, müssen wir Juden viele Gebote erfüllen. Diese betreffen sogar unser Essen, für das wir bestimmte Speisegesetze haben. Sie heißen *Kaschrut*. Alles, was wir essen und trinken, soll *koscher*, also »rein« sein. Tiere müssen vorschriftsmäßig geschlachtet werden, und ihr Fleisch soll ganz ausgeblutet sein. Schweinefleisch ist verboten. Wir dürfen auch nicht Milch und Fleisch oder Wurst zusammenessen. Wenn wir ein Hähnchen verspeist haben, dürfen wir danach keinen Pudding oder Joghurt zu uns nehmen.

Wie wir Juden wohnen

Unsere Wohnungen kann man sofort erkennen. An der Haustür und am rechten Pfosten jedes Zimmers ist die *Mesusa* angebracht. Das ist ein kleiner Behälter mit einer winzigen Pergamentrolle, auf der Bibeltexte stehen. Die Mesusa befindet sich am oberen Teil der Tür. Wenn ich rein- und rausgehe, berühre ich sie mit der Hand.

Woran man sehr fromme Juden erkennen kann

Ihr habt vielleicht schon einmal im Fernsehen gesehen, daß besonders strenggläubige Juden

Orthodoxe (sehr fromme) Juden

Bärte und Locken an den Schläfen tragen. In manchen jüdischen Gruppen tragen schon die Kinder und Jugendlichen lange Locken. Sehr fromme Juden haben außerdem ständig eine Kopfbedeckung auf. Sie finden es nämlich nicht richtig, mit bloßem Kopf vor Gott zu treten. Sie tragen ein dunkles Käppchen, *Kipa* genannt.

Wo wir unseren Glauben ausüben

Unser Gemeindegottesdienst findet in der *Synagoge* statt.

Wenn Männer in die Synagoge gehen, setzen sie die Kipa auf. An ihrem Platz öffnen sie das kleine Kästchen vor ihnen, in dem sich Gebetbuch und Gebetsschal befinden. Viele Gemeindemitglieder haben ihren Platz in der Synagoge gemietet. Damit ein »richtiger« Gottesdienst zustandekommt, müssen mindestens zehn erwachsene Männer dasein, so sagt es die Bibel.

Wie wir richtig beten

Um richtig zu beten, brauchen wir *Gebetsschal* und *Gebets-riemen.* Darauf befinden sich kleine Kapseln. Ich habe meinem Bruder schon so oft zugeschaut, wie er die Gebetsriemen anlegt, daß ich es fast schon selber kann. Die Kapseln tragen wir in der Nähe des Herzens und auf der Stirn. So bindet sich der ganze Mensch an Gott. Die Bibelverse in den Kapseln erinnern an große Ereignisse aus der jüdischen Geschichte: einmal an die Gottesoffenbarung auf dem Sinai, als Gott dem Mose erschien und ihm die »Zehn Gebote« gab und zum andern an den Auszug aus Ägypten. Während des Gottesdienstes nimmt der Vorbeter aus der heiligen Lade, einem Schrank, in dem sich die Tora-Rollen befinden, eine Rolle heraus. Ein Helfer trägt sie feierlich durch die Synagoge zum Lesepult. Währenddessen steht die Gemeinde auf und begrüßt die Tora.

Der Vorbeter in der Synagoge (mit Kipa = Käppchen), Gebetskapsel und Gebetsschal weist mit einem Zeiger auf die Torarollen im Toraschrank. Die Rollen selbst sind so heilig, daß man sie nicht berühren darf.

Unser Rabbiner hält eine Predigt. Bei uns wird sehr viel gesungen. Deshalb ist der Kantor (Vorsänger) so besonders wichtig.

Ich heiße Anna und bin 10 Jahre alt.
Ich bin evangelische Christin.

Christentum

Oft werde ich gefragt:

Woran glaubst du?

Warum nennen sich die Christen
            nach Christus?

                Was ist am Evangelischsein besonders?

        Was ist Konfirmation
            und was ist Kommunion?

                Habt ihr dieselbe Bibel
                    wie katholische Christen?

        Ist der evangelische Gottesdienst
            dasselbe wie die Messe?

                Was sind eure wichtigsten
                    religiösen Bräuche?

Was sind eure wichtigsten Feste?

An wen wir glauben

Gott, Jesus Christus und Heiliger Geist

Ich glaube an *Gott*. Er hat die Welt geschaffen und ist der Vater von allen Menschen. Gott hat seinen Sohn *Jesus* zu den Menschen geschickt. *Christus* ist ein Ehrentitel für Jesus. Das ist ein griechisches Wort und bedeutet, daß Gott Jesus zu einem König gemacht hat.

Jesus war Jude. Er hat vor fast 2000 Jahren im heutigen Israel gelebt. Jesus ist am Kreuz gestorben. Aber er ist wieder auferstanden. Seine Jünger haben ihn gesehen. Wir glauben, daß Gott auch uns nach dem Tod wieder auferweckt. Wir glauben daran, daß Gott uns seinen *Heiligen Geist* geschenkt hat, damit wir nach seinem Vorbild leben. Wir heißen Christen, weil wir uns nach Christus nennen. Jesus Christus war ein besonderer Mensch. Er war Gottes Sohn. Jesus redete Gott mit »Abba« an. Das bedeutet Papa, Vati.

Jesus in Galiläa

Jesus stammt aus Nazareth in Galiläa. Seine Mutter heißt Maria. Joseph ist der Name des Vaters. Schon als Jugendlicher arbeitet Jesus wie sein Vater als Bauhandwerker. Dann schließt er sich einer religiösen Bewegung an, die von Johannes dem Täufer geleitet wird. Johannes predigt den breiten Massen, vor allem den Armen und Ausgestoßenen, daß das Gericht kommt und eine neue Zeit beginnt. Jesus läßt sich deshalb von Johannes taufen. Das geschieht irgendwann in den Jahren 26 bis 28.

Bald aber trennt er sich von Johannes dem Täufer. Zunächst wirkt er in Galiläa, später in Jerusalem. Er tritt in den Synagogen als »Lehrer« auf. Das Volk verehrt ihn als »Rabbi«. Das ist ein hebräisches Wort und bedeutet Meister, Lehrer.

Jesus wählt sich seine »Jünger« selbst aus. Meist sind es einfache Menschen aus Galiläa. Besonders kümmert sich Jesus um Menschen, die ausgestoßen sind und von den anderen gemieden werden. Oft sitzt er mit diesen »Sündern« gemeinsam an einem Tisch.

Jesus verkündet die Botschaft von *Gottes Himmelreich* und Herrschaft, und er heilt Kranke. Damals wünschen sich viele Menschen das Gottesreich sehnsüchtig herbei. Manche warten auf einen König, der alle Feinde besiegen wird. Bei Jesus jedoch kommt alles auf die »Umkehr« an. Die Menschen sollen sich bessern. Wenn Jesus vom Gottesreich erzählt, benutzt er sprachliche Bilder. Wie ein Dieb in der Nacht, so kann auch Gottes Reich jeden Augenblick kommen...

Jesus spricht von seinem »himmlischen Vater«, der die Sünder sucht. Gott ist wie jemand, der einem verlorenen Schaf nachläuft und die übrige Herde alleinläßt. Gottes Willen erfüllt man, indem man sich um die Armen kümmert. So wie Gott alle Menschen liebt, so soll auch der Mensch seine Mitmenschen lieben – auch seine Feinde.

Die letzte Reise Jesu nach Jerusalem endet mit seinem Tod im Jahre 30 oder 31. Gerade ein bis zwei Jahre ist Jesus in Palästina herumgezogen, hat Kranke geheilt und gepredigt. Dann wird er gekreuzigt, weil man ihn für einen politischen Aufrührer hält. Mit seinem Tod ist aber nicht alles aus. Kurz nach der Kreuzigung verkünden die Jünger, daß Jesus gar nicht tot ist. Er ist von Gott auferweckt worden. Am Ostertag und danach zeigt sich Jesus mehreren Anhängern.

Unser heiliges Buch,
die Bibel

Die Bibel

Wir Protestanten haben dieselbe *Bibel* wie die Katholiken. Bibel kommt vom griechischen Wort biblos und bedeutet einfach Buch. Darin haben Menschen ihre Erfahrungen mit Gott aufgeschrieben.

Die Bibel besteht aus dem »Alten« und »Neuen Testament«. Testament ist lateinisch und bedeutet Bund; gemeint ist der Bund zwischen Gott und den Menschen. Was bei uns Altes Testament heißt, ist auch die Bibel der Juden. Am Anfang des Neuen Testaments stehen die vier Evangelien. Hier erzählen die Evangelisten Matthäus, Markus, Lukas und Johannes von Jesus. Außerdem enthält das Neue Testament die Apostelgeschichte, in der Lukas von den Taten der ersten Christen berichtet, vor allem über den Apostel Paulus. Viele Briefe im Neuen Testament stammen von diesem bedeutenden Apostel, der durch seine großen Missionsreisen und Gemeindegründungen in der heutigen Türkei und Griechenland viel für die Verbreitung des Christentums getan hat.

Unsere großen Feste

Weihnachten

Unser schönstes Fest ist *Weihnachten*. Dann feiern wir die Geburt Jesu. In der Weihnachtsgeschichte heißt es: Maria und Josef waren auf der Reise, als Maria ihr Baby erwartete. Damals mußte nämlich jeder wegen einer Volks- und Steuerzählung in seinen Geburtsort zurückkehren. Da Maria und Josef keine Schlafmöglichkeit fanden, wurde Jesus in einem Stall geboren und kam also in ganz ärmlichen Verhältnissen zur Welt.

Zuhause haben wir eine Krippe mit Figuren von Maria, Josef,

Jesu Geburt im Stall in Bethlehem

Jesus, Esel und Ochsen. Zu Weihnachten stellen wir sie im Wohnzimmer auf. Wir haben auch Figuren von den Hirten, denen der Engel Gottes erschien, um ihnen die Geburt Jesus zu

Die Hirten vor dem Stall in Bethlehem

verkünden. Fast jede Familie schmückt einen Weihnachtsbaum, unter dem die Geschenke liegen. Die Kerzen am Baum erinnern daran, daß Jesus »das Licht der Welt« genannt wird.

Heilige Drei Könige

Am 6. Januar feiern die katholischen Christen den Besuch der *Heiligen Drei Könige* beim Jesuskind. Dieses Fest heißt auch »Erscheinung des Herrn«. Bei den Katholiken ziehen an diesem Tag Kinder, die sich als Könige verkleidet haben, durch die Straßen. Sie schreiben Segenssprüche auf die Haustüren. Da steht dann C M B. Das erinnert an die Namen der drei heiligen Könige Caspar, Melchior und Balthasar. Es bedeutet aber auf Latein: Gott segne dieses Haus.

Sternsinger

Jesus ist gekreuzigt worden.

Aschermittwoch und Fastenzeit

Ich freue mich immer sehr auf Karneval. Dann verkleiden wir uns, und fast jedes Dorf hat einen eigenen Karnevalszug mit bunt geschmückten Wagen. Nach Karneval beginnt die *Fastenzeit.* Sie dauert 40 Tage und geht bis Karfreitag. *Aschermittwoch* heißt bei den Katholiken der Tag nach Rosenmontag und Faschingsdienstag. Katholische Christen bekommen dann etwas Asche auf die Stirn gestreut oder ein Aschenkreuz aufgemalt. Das soll daran erinnern, daß das menschliche Leben im Vergleich zu Gottes Herrlichkeit wie Staub ist.

Karfreitag, Ostern und Pfingsten

Zwei Tage vor Ostern ist *Karfreitag.* Dann denken wir an die Kreuzigung Jesu. Wir nehmen diesen traurigen Tag ganz besonders ernst. In der Kirche hören wir, wie Jesus verraten, gefangengenommen, gefoltert und gekreuzigt wurde. In unserer Kirche gibt es wegen der

Trauer keine Blumen und keine Musik.

Am *Ostersonntag* feiern wir die Auferstehung Jesu von den Toten. Die orthodoxen Christen feiern einen besonders schönen Gottesdienst in der Osternacht. Inzwischen machen das auch immer mehr evangelische und katholische Kirchen.

Ostern ist ein fröhliches Fest. Wir glauben fest, daß es ein Leben nach dem Tod gibt. Die Osterzeit dauert 50 Tage und endet mit *Pfingsten*. Das ist das Fest des »Heiligen Geistes« und der Geburtstag der Kirche.

Wichtige Feste

Sandra und Thomas streiten sich über die wichtigsten Feste im Jahr.

»Am allerwichtigsten ist Weihnachten!« sagt Sandra. »Schon wegen der Weihnachtsgeschenke.«

»Geburtstag ist genauso wichtig!« ruft Thomas und denkt dabei daran, daß er nächste Woche Geburtstag hat. Der große Wunschzettel liegt bereits auf Papas Schreibtisch.

»Gut, Weihnachten und Geburtstag sind gleich wichtig!« stimmt Sandra zu.

»Und dann kommt Ostern!« sagt Thomas.

»Ja. Ostern ist auch ganz schön wichtig!« meint Sandra, denn die bunten Ostereier ißt sie ganz besonders gern.

Danach einigen sich die Kinder noch darauf, daß der Nikolaustag und das Martinsfest auch wichtige Feste sind. Besonders deshalb, weil sie im Winter gefeiert werden und etwas Geheimnisvolles haben. Thomas erinnert sich auch an die schöne Laterne, die er für den Martinsumzug gebastelt hat.

»Erntedankfest!« schlägt Sandra noch vor.

»Ja, das ist auch ganz schön wichtig!« meint Thomas. »Aber nicht so wichtig wie Geburtstag, Weihnachten und Ostern.«

»Und wie ist es mit Pfingsten?« fragt die Mutter, die aufmerksam ihren Kindern zugehört hat.

»Ja, Pfingsten ist eigentlich nicht so wichtig!« stellt Thomas fest, nachdem er eine Weile nachgedacht hat.

»Nein, Pfingsten ist nicht so wichtig!« fügt Sandra hinzu.

»Da gibt es noch nicht einmal lange Ferien!«

»Das stimmt!« sagt Thomas, der bereits zur Schule geht.

»Die Osterferien und Weihnachtsferien sind viel länger!«

Die Mutter lacht. Dann sagt sie:

»Ohne Pfingsten gäbe es bei uns kein Weihnachten und kein Ostern. Wir würden keines eurer allerwichtigsten Feste feiern. Wir würden nicht einmal wissen, daß es diese Feste gibt.«

Keine Weihnachtsgeschenke! Keine Ostereier!

Was soll das mit Pfingsten zu tun haben? Sandra und Thomas wundern sich nur.

»Pfingsten trafen sich die Freunde Jesu. Da schickte Gott sie in alle Welt, um allen Menschen von Jesus zu erzählen. Die Freunde nannten sich Christen, nach Jesus Christus. Sie erzählten überall von Jesus. Sie erzählten, daß er in einem Stall geboren wurde und später am Kreuz sterben mußte und daß er der König der Welt ist,« erzählt die Mutter.

»Deshalb gibt es Weihnachten und Ostern bei uns?« fragt Thomas mit großen Augen.

»Ja!« lacht die Mutter. »Seitdem gibt es viele Menschen auf der Welt, die Christen heißen, bei uns, in Italien, in Schweden, in Amerika, in Afrika, in Australien, in Asien ... überall auf der Welt!«

Jetzt fragt Sandra: »Woran erkennt man denn, daß sie Christen sind?«

»Sie sind getauft«, sagt die Mutter. »Sie gehen zur Kirche, sie feiern all die christlichen Feste, die an Jesus Christus erinnern, zum Beispiel Weihnachten und Ostern.«

»Und ohne Pfingsten gäbe es bei uns kein Weihnachten und kein Ostern?« fragt Sandra noch einmal.

Als die Mutter nickt, meint sie: »Dann ist Pfingsten doch ein ganz schön wichtiges Fest!«

»Ja, an Pfingsten hat alles angefangen!« sagt die Mutter.

Rolf Krenzer

meinem Leben

Evangelisch, katholisch und orthodox

Ich bin *evangelisch*. Es gibt aber auch *katholische* und *orthodoxe* Christen. Diese Richtungen haben sich vor langer Zeit getrennt, weil sie sich nicht über bestimmte Glaubensfragen einigen konnten.

Ich wohne in einem Dorf in der Eifel. Früher waren hier fast alle katholisch. Deshalb haben wir auch eine katholische Grundschule. Heute sind viele evangelische und islamische Kinder in meiner Klasse.

Taufe und Geburtstag

Als ich klein war, haben meine Eltern mich taufen lassen. Durch die *Taufe* bin ich in die Kirche aufgenommen worden. Ich habe eine Patentante und einen Patenonkel, Tante Maria und Onkel Er-

Ein Kind wird getauft.

win. Beide haben bei der Taufe versprochen, meinen Eltern bei der christlichen Erziehung zu helfen. Neulich hatten wir eine Taufe in der Kirche. Pastor Müller hat Wasser über den Kopf des Babys geschüttet und dazu gesagt: »Ich taufe dich im Namen des Vaters, des Sohnes und des heiligen Geistes.« Das Baby hat unheimlich gebrüllt. Aber alle haben sich gefreut. Die Paten haben die Taufkerze gehalten. Auch Erwachsene, die in die Kirche eintreten, werden getauft.

Wir feiern alle unseren *Geburtstag*. Die Katholiken feiern zusätzlich den *Namenstag* – am Todestag des Heiligen, nach dem sie benannt sind.

Konfirmation und Heilige Erstkommunion

Mein Bruder ist letztes Jahr *konfirmiert* worden. Vorher ist er zwei Jahre lang einmal in der Woche zum kirchlichen Unterricht gegangen. Wir hatten ein schönes Familienfest. Am Abend vorher durfte mein Bruder Andreas zum ersten Mal zum Abendmahl. Wer konfirmiert ist, wird vollwertiges Mitglied in der Gemeinde. Er darf Pate werden. Leider sind nicht alle bei der Konfirmation so schön angezogen wie bei der Kommunion. Ganz besonders freuen sich die katholischen Kinder darauf, daß sie zur *Heiligen Erstkommunion* zugelassen werden. Ich glaube, das ist für viele Familien noch wichtiger als die Konfirmation bei den Protestanten. Die wird ja erst gefeiert, wenn die Kinder 14 Jahre alt sind.

Wenn die katholischen Kinder Erstkommunion haben, sind sie ungefähr neun Jahre alt und gehen in das dritte Schuljahr. In unserer Schule ist monatelang von nichts anderem die Rede. Während der letzten Wochen vor dem Fest haben die Kinder Kommunionsunterricht, um sich auf diesen wichtigen Tag vorzubereiten. Das ist der *Weiße Sonntag*, der erste Sonntag nach Ostern. Die Mädchen tragen dann weiße Kleider, und die Jungen erhalten ihren ersten Anzug. Oft wird die ganze Familie neu eingekleidet. Vor den Haustüren stehen Bäumchen, die mit weißen Bändern geschmückt sind. Überall kann man Schilder

Das Abendmahl: die Pastorin teilt Brot und Wein aus.

sehen, auf denen steht: »Dies ist
der schönste Tag in meinem Leben«. Schon am Tag vorher
kommen Freunde und Nachbarn,
um Geschenke vorbeizubringen.
Das Kommunionkind bedankt
sich bei jedem und verteilt Scho-
koladentafeln.

Dieses Jahr hatte meine Freundin Erstkommunion. Das hat
ihr unheimlich viel Spaß gemacht, denn sie fühlte sich
richtig als Hauptperson. Die
Namen der Kommunionkinder
stehen auch in mehreren Zeitungen. Am Tag selbst gehen

sie festlich gekleidet mit Eltern und Verwandten in die Kirche. Den ganzen Tag wird gefeiert, und am nächsten Tag haben sie schulfrei. Dann gehen sie – immer noch im Festkleid – von Haus zu Haus und laden die Nachbarn zum Kaffee ein.

Wo wir unseren Glauben ausüben

Evangelische und katholische Kirchen sehen vor allem innen unterschiedlich aus. Wir haben einen Altar mit Kerzen und Blumen und auch eine Kanzel. In katholischen Kirchen stehen außerdem noch Heiligenfiguren. Überhaupt sind katholische Kirchen mehr geschmückt. Es gibt dort noch so einen Schrank, der Tabernakel genannt wird. Darin werden die Reste des heiligen Brotes von der Messe aufgehoben. In der Nähe des Tabernakels brennt immer eine kleine Kerze.

Wir gehen jeden Sonntag zur Kirche. Der katholische Gottesdienst heißt Messe. Manchmal haben wir auch ökumenischen Gottesdienst: Dann feiern wir mit den katholischen Kindern zusammen.

Beim Gottesdienst singen und beten wir, hören Texte aus der Bibel, und der Pfarrer hält eine Predigt. Wenn das Glaubensbekenntnis gesprochen wird, stehen wir auf. Das tun wir auch bei anderen wichtigen Texten. Die Predigt hören wir im Sitzen. Im Gottesdienst danken wir Gott für unser Leben.

Unser Pfarrer liest Texte aus der Bibel vor. Wir wiederholen das letzte Abendmahl, das Jesus mit seinen Jüngern gehalten hat. Dabei teilen wir Brot und Wein miteinander. Bei uns heißt diese Feier Abendmahl, bei den Katholiken Eucharistie.

Ich heiße Aysche und bin 12 Jahre alt.
Ich bin Muslima.

Islam

Oft werde ich gefragt:

Warum tragen die Mädchen
         bei euch Kopftücher?

                    Warum dürft ihr kein
                           Schweinefleisch essen?

        Wer war eigentlich
               Mohammed?

                    Gibt es bei euch
                         Weihnachten?

Habt ihr auch eine Bibel?

               Was macht ihr eigentlich
                    in der Moschee?

Meine Eltern kommen aus der Türkei. Ich bin in Deutschland geboren und habe auch deutsche Freundinnen. Wir Muslime verehren Adam, Abraham, Mose, Jesus und andere Männer als Gesandte Gottes. Sie haben den Menschen von Allah erzählt. Das ist ein arabisches Wort und heißt einfach »der Gott«. In arabischen Ländern nennen auch die Christen Gott so. Einen anderen Gott gibt es nicht. Unser Gott und der Gott der Christen ist ein und derselbe.

Gott hat die Menschen gern. Immer wieder hat er Propheten und Gesandte geschickt. Die haben den Menschen von seiner

Allah, der Name Gottes, in arabischer Schrift

Freundlichkeit und Barmherzigkeit erzählt.

Die Gesandten haben den Menschen außerdem heilige Schriften überbracht. Immer wenn wir den Namen der Gottesboten nennen, fügen wir hinzu: »Gott spreche Heil und Segen über ihn«. Jesus heißt bei uns *Isa*. Er hat den Menschen das Evangelium gebracht.

Am wichtigsten ist für uns der Prophet *Mohammed*. Er hat uns den Koran gegeben.

Die Geschichte von Mohammed

Mohammed wird im Jahr 570 in Mekka geboren. Das liegt im heutigen Saudi-Arabien. Schon früh verliert er seine Eltern. Sein Vater stirbt vor der Geburt. Seine Mutter Amina stirbt, als Mohammed gerade sechs Jahre alt ist. Er ist sehr traurig, weil er seine Mutter sehr geliebt hat. Mohammed bleibt bei seinem Großvater, den er sehr gern hat. Doch nach zwei Jahren stirbt auch dieser. Da ist Mohammed gerade acht Jahre alt. Damals lebten die Menschen nicht in solchen Kleinfamilien wie heute mit Mutter, Vater und Kindern. Früher gab es Großfamilien. Da gehörten Oma und Opa, Tante und Onkel und deren Kinder mit dazu. Solche Familien gibt es auch heute noch bei uns sehr viel. Mohammed ist also nicht allein, als sein Großvater stirbt. Sein Onkel nimmt ihn auf, und in dessen Familie wächst er heran. Weil Mohammed ein Waisenkind ist, kümmert er sich später besonders um Waisen und andere schutzlose Menschen.

So wie die anderen Kinder auch hilft Mohammed in der Großfamilie mit. Er hütet Schafe, Kamele und Ziegen. Überall ist er sehr beliebt. Denn wenn er etwas verspricht, hält er es auch. Man kann sich auf ihn verlassen. Wenn Hilfe gebraucht wird, packt er kräftig mit an. Deshalb nennen die Menschen ihn auch »al Amin«, »den Treuen«.

Mekka war eine große Handelsstadt. Sie lag an einer riesigen Handelsstraße, die sich von Syrien im Norden bis zum Jemen im Süden entlangzog. Große Karawanen – beladen mit den wertvollsten Stoffen und anderen kostbaren Waren – kamen regelmäßig an Mekka vorbei.

Mohammed macht eine Ausbildung zum Kaufmann. Er tritt in die Firma der reichen Geschäftsfrau Chadidscha ein. Seine Ehrlichkeit und Zuverlässigkeit imponieren dieser Frau. Darum gibt sie Mohammed den Auftrag, die Waren als ihr Angestellter nach Syrien zu bringen. Sie verliebt sich in ihn und heiratet ihn, als er 25 Jahre alt ist. Oft ärgert sich Mohammed darüber, wenn er miterleben muß, wie andere Händler in Mekka ihre Kunden betrügen und wie sie ihnen schlechte Ware für gutes Geld verkaufen. Außerdem glauben sie an viele Götter. Mohammed ist überzeugt, daß es nur einen einzigen Gott gibt.

Wie es mit Mohammed weitergeht

Als Mohammed 40 Jahre alt ist, geht er oft zum Berg Hira. Dort betet er. Eines Nachts geschieht es: Mohammed hört eine Stimme aus dem Himmel, die ihn ruft. Es ist Gabriel, der Engel Gottes. Und er ruft ihn! »Mohammed, du bist der Gesandte Gottes. Und ich bin Gabriel!« Der Engel gibt ihm den Auftrag, die Menschen zu ermahnen. Sie sollen endlich mit ihren Betrügereien aufhören. Und sie sollen die Armen stärker unterstützen als bisher. Die Offenbarungen kommen immer wieder. Begeistert erfüllt Mohammed seinen Auftrag. Auf Marktplätzen und in den Gassen redet er von der Güte Gottes. Er fordert die Menschen auf umzukehren, also ihr bisheriges Leben zu ändern. Sie sollen bei ihren Geschäften gerechter sein und den Armen und Schwachen helfen.

Den reichen Leuten in Mekka gefällt das nicht. Sie haben Angst, daß die vielen Pilger nicht mehr in die Stadt kommen und sie keine Geschäfte mehr machen können. Mekka ist ein wichtiger Ort, weil dort drei bedeutende Göttinnen und Götter verehrt werden und viele Pilger von weither kommen. Die Mekkaner beleidigen und ver-

spotten Mohammed und seine Freunde so sehr, daß sie schließlich in die benachbarte Stadt Medina auswandern, wo bereits viele seiner Anhänger wohnen. Die Menschen in Medina brauchen einen Schiedsrichter für ihre Stammesstreitigkeiten. Und der soll Mohammed sein.

Die Übersiedlung nach Medina findet im Jahr 622 der christlichen Zeitrechnung statt. Für uns ist dieses Jahr der Beginn unserer Zeitrechnung.

Eine Karawane zur Zeit Mohammeds

Die Streitigkeiten zwischen den Bewohnern Mekkas und Medinas hören erst nach einigen Jahren auf, nachdem sich die Städte zuvor oft bekämpft haben. Mal gewann die eine, mal die andere Seite. Schließlich wird Mohammed von allen Gruppen als religiöser Führer akzeptiert. Mohammed sagt: »Alle Gläubigen sind Brüder – egal aus welchem Stamm sie kommen«. Schließlich kehrt Mohammed nach Mekka zurück. Seine ehemaligen Geg-

ner behandelt er anständig. Er stirbt im Jahre 632.

Obwohl Mohammed für uns der wichtigste Prophet und ein großes Vorbild ist, darf man uns Muslime nicht »Mohammedaner« nennen. Denn für uns steht nicht Mohammed im Mittelpunkt unseres Glaubens, sondern Gott. Ein Muslim ist jemand, der Gott verehrt. Gott und sein Koran, den uns Mohammed gebracht hat, sind für uns sehr wichtig.

Die Nachtreise und die Himmelsreise Mohammeds

Nachtreise

Eines Tages, so erzählen sich die Leute, bringt man Mohammed den Buraq. Das ist sein Reittier – halb Maultier, halb Esel. An den Schenkeln hat es zwei Flügel; damit ist es so schnell wie der Wind. Auch die Propheten, die vor Mohammed lebten, haben dieses Wundertier geritten. Bei jedem Schritt setzt der Buraq die Hufe so weit, wie sein Blick reicht. Der Engel Gabriel hilft Mohammed aufzusitzen. Der Buraq scheut, aber dann geht es auf eine blitzschnelle Nachtreise durch die Lüfte nach Jerusalem. Dort trifft Mohammed Abraham, den »Freund Gottes«. Und da sind

Buraq, das Reittier Mohammeds

auch Mose und Isa. Er betet mit ihnen. Anschließend reist Mohammed zurück nach Mekka. Am nächsten Morgen erzählt er seinen Landsleuten, was er erlebt hat. »Das ist unmöglich!« schreien sie. »Eine Karawane braucht für die Strecke mindestens einen Monat hin und einen wieder zurück. Wie willst du dies in einer Nacht geschafft haben?!« Doch einer glaubt Mohammed, nämlich sein Onkel. Er war schon einmal in Jerusalem und hat bemerkt, daß Mohammed die Wahrheit erzählt. »Du hast die Wahrheit gesprochen! Ich bezeuge, daß du der Gesandte Gottes bist.«

Himmelsreise

Die Menschen erzählen sich auch eine *Himmelsreise* von Mohammed. Nachdem er in Jerusalem gebetet hat, wird ihm eine Leiter gebracht. Auf dieser steigt der Prophet Schritt für Schritt in den Himmel. Zunächst gelangt er an eines der Himmelstore, die von Engeln bewacht werden. Im ersten Himmel trifft er Adam. Das ist unser erster Prophet. Im zweiten trifft er Isa und seinen Vetter Johannes, schließlich Idris, Aaron und Moses. Im siebten Himmel begegnet ihm der alte Abraham. Er sitzt auf einem Stuhl am Paradiestor. Immer wenn der Engel Gabriel den Propheten von einem Himmel zum nächsten gebracht hat, nennt Mohammed seinen Namen und bittet darum, eingelassen zu werden. Ständig bekommt er die Antwort: »Gott schenke ihm Leben, Bruder und Freund!«

Schließlich ist es soweit, und Mohammed begegnet Gott selber. Dieser möchte, daß die Muslime 50 Gebete am Tag beten. Mohammed steigt herab und kommt wieder bei Mose vorbei. »Wieviele Gebete sind dir auferlegt worden?« – »Fünfzig jeden Tag,« antwortet Mohammed. – »Das Gebet ist eine schwere Last, und dein Volk ist schwach. Gehe zurück zu Gott und bitte ihn, daß er deine und deines Volkes Last erleichtert.«

Daraufhin erläßt Gott Mohammed zehn Gebete. Wieder kommt Mohammed bei Mose vorbei, der noch einmal das gleiche sagt. Und noch einmal erläßt Gott zehn weitere Gebete. Am Ende bleiben noch fünf Gebete pro Tag übrig.

Unsere heiliges Buch,
der Koran

Unser heiliges Buch ist der *Koran*. Er wurde Mohammed geoffenbart. Gott sprach durch seinen Engel Gabriel zu Mohammed. Mohammed sorgte dann dafür, daß alles aufgeschrieben wurde, weil er selber nicht schreiben konnte. Wir glauben, daß der Koran schon vor der Erschaffung der Welt bei Gott war. Koran ist arabisch und bedeutet »Lesung«. Im Koran gibt es schöne Geschichten über Gottes wunderbare Schöpfung und über frühere Gottesboten. Der Koran enthält aber auch Vorschriften über Glauben, Gebet, Fasten und andere Dinge. Der Koran hat 114 Kapitel. Sie heißen »Suren«. Die erste Sure heißt »Fatiha«, die Eröffnungssure. Sie ist für uns genauso wichtig, wie für euch das »Vaterunser«:

Im Namen Gottes, des Barmherzigen, des Erbarmers, Lob sei Gott, dem Herrn der Welten, dem Barmherzigen, dem Erbarmer, dem Herrn des Gerichtstages. Dir dienen wir, und Dich bitten wir um Hilfe: Führe uns den geraden Weg, den Weg derer, denen du Gnade erwiesen hast, und nicht derer, die dem Zorn verfallen sind, noch derer, die in die Irre gehen.

Ich kenne viele, die jeden Tag ein Stück aus dem Koran lesen. Es gibt Muslime, die den Koran sogar auswendig können. Sie heißen »Hafiz«. Ich gehe jede Woche in die »Koranschule«. Dort lerne ich den Koran auf arabisch. Mein Koranlehrer liest den arabischen Text vor und gibt mit dem Finger genau die Zeile an. Ich spreche dann den Text Wort für Wort nach. Es gibt auch Übersetzungen. Aber mein Koranlehrer sagt, daß man den Koran nur richtig verstehen kann, wenn man ihn auf arabisch liest. Der Koran ist für uns ein sehr wichtiges Buch. Wir finden es nicht so gut, wenn Christen sagen: »Der Koran ist die Bibel der Muslime«. Für uns ist der Koran Gottes Wort. Für euch ist Christus das wichtigste, und erst dann kommt die Bibel.

Koranschule

Wie wir unseren **Glauben leben**

Wichtig für unseren Glauben sind die »fünf Pflichten«. Sie sind das Fundament unserer Religion und bestimmen unser Glaubensleben.

Wie wir unseren Glauben bekennen: das Glaubenszeugnis

Wir sprechen mehrmals am Tag unser Glaubenszeugnis:

*Ich bezeuge, daß es keine Gottheit gibt außer Gott.
Ich bezeuge, daß Mohammed der Gesandte Gottes ist.*

Wie wir beten: unser Pflichtgebet

Unser Prophet Mohammed hat gesagt, daß wir fünfmal am Tag beten sollen. Er hat das *Pflichtgebet* mit dem fünfmaligen Baden in einem Fluß verglichen: »Stellt euch vor,« hat er gesagt, »jemand hätte vor seinem Haus einen Fluß und würde fünfmal am Tag darin baden, würde dann etwas von seinem Schmutz an ihm bleiben?« Die gläubigen Gefährten antworteten ihm: »Nichts würde von seinem Schmutz bleiben«. Da sagte der Pro-

Der Muezzin ruft von einem Minarett der Moschee zum Gebet.

phet: »Genauso ist es mit den fünf Gebeten, Allah löscht durch sie die Sünden aus.«

Wenn wir beten, vertrauen wir Gott und seiner Barmherzigkeit. Alle Gläubigen sind Schwestern und Brüder.

Die Gebetszeiten sind genau festgelegt: vor Sonnenaufgang, zur Mittagszeit, am Nachmittag, nach Sonnenuntergang und vor Einbruch der Nacht.

Vor dem Gebet reinigen wir uns. Wir waschen uns dreimal die Hände, spülen uns dreimal mit Wasser aus der rechten Hand den Mund. Danach reinigen wir Nase, Gesicht, Hals und Ohren. Anschließend waschen wir unsere Arme bis zu den Ellenbogen und die Füße bis zu den Knöcheln.

Falls kein Wasser vorhanden ist, dürfen Muslime sich sinnbildlich auch mit Sand oder sogar Staub waschen. »Sauberkeit ist der halbe Glaube«, hat unser Prophet einmal gesagt.

Wenn wir beten, geht das so: Erst stehen wir aufrecht. Dann verneigen wir uns. Anschließend knien wir uns so weit hin, daß unsere Stirn den Boden berührt. Dann setzen wir uns hin.

Wie wir den Armen helfen: die Pflichtabgabe

Alle Muslime zahlen eine *Pflichtabgabe*, die für die ärmeren Gemeindeglieder bestimmt ist. Damit wollen wir ausdrükken, daß die Reicheren verpflichtet sind, die Ärmeren zu unterstützen.

Zusätzlich zur Pflichtabgabe, die *Zakat* genannt wird, gibt es weitere freiwillige Gaben, die als besonders verdienstlich angesehen werden.

Am Ende der Fastenzeit schicken wir immer Geld für ärmere Verwandte in die Türkei.

Moslems beten in der Moschee.

Zakat

In der Moschee saßen schon viele Leute, die Männer vorn und die Frauen hinten. Hassan setzte sich neben den Vater auf den Boden. Bald wurde gebetet. Nach dem Gebet sagten alle zueinander: Id mubarak. Das bedeutet gesegnetes Fest. Der Tag nach dem Monat Ramadan heißt ja auch Ramadan Bayram oder Id al-Fitr.

Auf dem Weg nach Hause sagte der Vater: Ich wollte dir noch erzählen, wie wir den Armen helfen. Weißt du, im Koran steht geschrieben, die Menschen, die genug zum Leben haben, müssen den Armen jedes Jahr etwas von ihrem Besitz abgeben. Früher hatten die Menschen meistens Vieh, Kamele, Schafe oder

Korn und Gemüse und Obst. Davon haben sie den Armen etwas abgegeben. Das nennt man Zakat. Wir heute geben Zakat meistens als Geld. Wenn wir 100 Mark haben, sollen wir davon den Armen ungefähr 3 Mark abgeben. Aber warum gibt es dann so viele arme Menschen? fragte Hassan. Wenn die Reichen den Armen immer etwas abgeben, dann müssen doch alle Menschen bald reich sein.

Ja, sagte der Vater, aber leider hören nicht alle Menschen auf das Wort von Allah. Besonders die Reichen wollen nicht hören. Sie wollen nur immer mehr und immer mehr, aber sie wollen nichts abgeben.

Das habe ich schon einmal gehört, dachte Hassan. So war das auch in Mekka, als der Prophet Mohammed dort lebte. Warum ist das so? fragte Hassan. Der Vater antwortete: Weißt du, wenn man sehr reich ist, denkt man, daß man sich alles auf der Welt kaufen kann, und man denkt nicht mehr an Allah. Man denkt nur noch an sich selbst.

Das verstehe ich nicht, sagte Hassan.

Nun, sagte der Vater, weißt du noch wie die Schahada beginnt? Ja, antwortete Hassan, asch-hadu an la ilaha illa-llah. Das bedeutet: Ich bezeuge, es gibt keinen Gott außer Allah.

Siehst du, sagte der Vater, das ist es, was viele vergessen, wenn sie reich sind. Sie vergessen, daß nur Allah groß und mächtig ist. Aber sie glauben, weil sie so viel Geld haben, sind sie auch groß und mächtig.

Hassan dachte ein Weilchen nach. Dann fragte er: Also, Zakat geben, das bedeutet, daß zuerst einmal die Armen Geld bekommen, damit sie leben können. Und außerdem bekommen die anderen nie so viel, daß sie Allah vergessen. Denn sie geben ja immer etwas ab. Ist das richtig?

Ja, sagte der Vater, das ist ganz richtig. Und wir geben jedes Jahr Zakat. Weißt du, Hassan, es gibt zwar viele reiche Leute, die wollen keine Zakat geben, aber das stört uns nicht. Wir hören auf das Wort von Allah und geben Zakat. Und wenn die anderen nicht hören wollen, so ist das ihre Sache.

Ahmad von Denffer

Wie wir fasten:
der Monat Ramadan

• • • • • • • • • • • • • • • • • • • •

Sehr wichtig ist für uns das *Fasten* im Monat *Ramadan*. Alle erwachsenen Muslime, die gesund sind, essen und trinken dann einen Monat lang nichts – und zwar von Anbruch der Morgendämmerung bis zum Einbruch der Nacht. Jedes Jahr beginnt der Monat Ramadan ungefähr elf Tage früher als im Vorjahr. Im Hochsommer ist es ziemlich anstrengend. Denn da fastet man etwa 20 Stunden. Kranke und Leute, die schwer arbeiten, dürfen jedoch essen und trinken. Mein Onkel Hasan kann nicht immer mitfasten wegen seiner Arbeit. Er schickt dann als Ersatz Geld für arme Verwandte in die Türkei. Oder er fastet später, wenn er nicht mehr so schwer arbeiten muß. Wir Kinder versuchen wenigstens ein bißchen zu fasten. Oder wir lassen alle Süßigkeiten weg. Das ist manchmal ganz schön schwer. In der Fastenzeit dürfen die Erwachsenen nicht rauchen. Das Fasten wird ungültig, wenn man andere Menschen beleidigt und beschimpft. Denn unsere Fastenzeit ist auch eine Zeit der Versöhnung. Ich finde es besonders schwer, nichts Böses zu meinem kleineren Bruder zu sagen, obwohl der mich den ganzen Tag nervt!

In der Türkei war der Ramadan immer ein ganz tolles Erlebnis. Manchmal bin ich sogar freiwillig früher ins Bett gegangen, um den Trommler rechtzeitig zu hören. Der Trommler zieht durch die noch dunklen Straßen und Gassen und erinnert an das nächtliche Essen, an die letzte Mahlzeit, bevor die Sonne aufgeht. Dieses frühe Aufstehen war ganz schön anstrengend. Aber meine Mutter bestand darauf, daß jeder vor dem Fastentag etwas essen solle. Es war schon manchmal schwer, den ganzen Tag nichts zu trinken – vor allem im Sommer. Aber irgendwie konnte man es aushalten, weil ja alle mitmachten. In der Schule war es in der Fastenzeit auch ganz gut, weil wir da nicht soviel lernen mußten. Das ist hier in Deutschland anders. Da muß ich oft mitten im Ramadan schwere Klassenarbeiten schreiben. Das ist anstrengend.

Am tollsten waren in der Türkei die Abende kurz vor dem Fastenbrechen. Alle warten gespannt auf die Kanonenschüsse bei Sonnenuntergang. Wenn die losdonnern, darf man wieder essen und trinken. Alle Moscheen der Stadt schalten die hellen Lichter an den Minaretten an. Die ganze Stadt ist festlich erleuchtet. Dann setzt sich jede Familie gleichzeitig mit Millionen anderen Muslimen auf der ganzen Welt zum abendlichen Festessen hin. Im Ramadan haben wir abends nie allein gegessen. Immer war die ganze Familie zusammen. Oft waren wir bis zu 20 Personen: Tanten und Onkel, Cousins und Cousinen. Lange vorher starrten wir Kinder sehnsüchtig auf den gedeckten Tisch. Dort lagen Feigen, Rosinen, Datteln, Mandeln, Pistazien. Lecker sind auch das in Zitronensirup und Zucker getauchte Gebäck und das Kompott aus gedünsteten Aprikosen und Pflaumen und die ganzen anderen Köstlichkeiten. Wenn der Kanonenschuß losging, fing das große Schmausen an. Danach saßen wir noch lange um den Tisch herum und erzählten uns Geschichten. In den Moscheen lasen die Imame die ganze Nacht aus dem Koran. Bis zwei Uhr morgens wimmelten die Straßen vor Menschen. Sänger traten auf und Volkstanzgruppen. Das macht unheimlich viel Spaß. Gegen Ende des Ramadan wird eine Nacht besonders gefeiert. Sie heißt *Nacht der Macht* und ist die Nacht, in der Mohammed den Koran erhalten hat.

Wie wir Gott ehren: die Pilgerfahrt nach Mekka

Vor zwei Monaten besuchten uns Tante Fatme und Onkel Metin. Sie waren gerade in Mekka zum *Hadsch* gewesen. So heißt auf arabisch unsere *Pilgerfahrt*. Die hatten vielleicht viel zu erzählen! In Mekka war ein Riesengedränge. Denn da waren Hunderttausende von Menschen aus vielen islamischen Ländern. Zuerst hat Onkel Metin die richtige Pilgerkleidung angezogen. Die ist weiß. Alle Pilger sehen dann gleich aus, denn Gott macht keinen Unterschied zwischen arm und reich. Tante Fatme konnte ihre Alltagskleidung anbehalten. Vorher gingen sie baden. Onkel Metin mußte sich rasieren. Tante Fatme mußte sogar ihr Make-up entfernen.

Dann haben sie in der großen Moschee gebetet. Anschließend sind sie zur *Kaaba* gegangen. Das ist ein riesiges Gebäude aus Stein, elf Meter lang und sechzehn Meter hoch. Hier hat Ibrahim – der heißt bei euch Abraham – vor sehr langer Zeit das erste Haus für den einen Gott gebaut. Onkel Metin und Tante Fatme sind siebenmal um die Kaaba herumgegangen. Dann sind sie zum Brunnen *Zamzam* gepilgert und nach Masa zum »Ort des Laufens«. Ibrahims Frau Hagar ist damals auch siebenmal in der Wüste hin- und hergelaufen, um Wasser für ihren Sohn Ismail zu suchen. Endlich hat sie den Zamzam-Brunnen gefunden, aus dem die Pilger noch heute Wasser schöpfen. Anschließend sind Onkel Metin und Tante Fatme zu einem Berg bei *Arafat* gegangen.

Die Kaaba in Mekka

Dort haben sie den ganzen Tag gestanden und gebetet. Am nächsten Tag haben sie in Mina Steinchen gesammelt und auf einen Haufen geworfen. Dabei haben sie sich vorgestellt, daß sie den Teufel treffen. Zum Schluß haben sie zur Erinnerung an Ibrahim ein Schaf geschlachtet. Bevor sie wieder nach Hause fuhren, ging es zu Mohammeds Grab in *Medina*. Die Reise hat mehrere Wochen gedauert. Onkel

Metin und Tante Fatme haben ganz viele Menschen getroffen. Wenn ich groß bin, möchte ich auch eine Pilgerfahrt machen.

Unsere großen Feste

Das Zuckerfest und der Geburtstag des Propheten Mohammed

Am Ende des Fastenmonats Ramadan feiern wir das *Zuckerfest*. So nennen wir es in der Türkei. Auf arabisch heißt es »Fest des Fastenbrechens«. Es ist ein bißchen wie Weihnachten, aber doch wieder anders. Es ist deshalb wie Weihnachten, weil es eins unserer wichtigsten Feste ist und drei Tage dauert. Das ganze Haus wird geputzt und alles in Ordnung gebracht. Tagelang vorher duftet es nach den schönsten Leckereien und den köstlichsten Speisen. Wir ziehen unsere schönsten Kleider an, und am ersten Tag gehen wir in die Moschee, um gemeinsam mit den anderen Muslimen zu beten. Und dann gibt es zum ersten Mal wieder morgens ein festliches Frühstück in der Familie. Wir schenken uns Süßigkeiten und andere schöne Sachen. Wenn es geht, besuchen wir unsere Freunde und Verwandten. Die Jüngeren küssen an diesem Tag den Älteren die Hand. Wir feiern auch den *Geburtstag unseres Propheten Mohammed*. Das ist auch ein schönes Fest, aber nicht so wichtig wie das Zuckerfest.

Das Opferfest

Hier in Deutschland haben wir Muslime es manchmal schwer, weil die Deutschen unsere Bräuche und Feste oft nicht verstehen. Dabei haben wir doch so viel gemeinsam! Ihr habt gerade bei der Pilgerfahrt gehört, daß auch wir die Geschichte von Ibrahim kennen. Ibrahim war bereit, Gott seinen Sohn zu opfern. Wir aber glauben, daß nicht Isaak, der Sohn Sarahs, geopfert werden sollte, sondern Ismail, Ibrahims Sohn mit der Magd Hagar. Aber sonst ist die Geschichte dieselbe. Ibrahim greift zum Messer, um Ismail zu töten. Gott

sieht also, daß ihm Ibrahim vertraut. Deshalb darf Ibrahim stattdessen einen Widder opfern. Zur Erinnerung an diese wunderbare Errettung feiern wir das *Opferfest*. Es dauert vier Tage und beginnt zwei Monate und zehn Tage nach dem Zuckerfest. Der Höhepunkt ist die Schlachtung eines Tieres. Die meisten nehmen dazu ein Schaf. Man darf aber auch ein Rind oder ein anderes Tier nehmen. Nur kein Schwein.

Das Fleisch wird in drei Teile geteilt: Ein Drittel ist für die Nachbarn, ein Drittel für Arme und das letzte Drittel für die Familie. Daraus wird ein Festessen zubereitet. Wir besuchen uns gegenseitig. Erst gehen die Jüngeren zu den Älteren, dann umgekehrt. In der Türkei werden die Moscheen vier Tage lang mit Lichterketten geschmückt.

Unser Prophet Isa (Jesus)

Wir feiern zwar nicht Isas Geburtstag, also Weihnachten, aber Isa ist für uns ein wichtiger Gesandter. Der Koran erzählt: Isas Mutter Maria war eine schöne, kluge und bescheidene Frau. Eines Tages passiert etwas Eigenartiges: Plötzlich steht nämlich ein Engel vor ihr. Der sieht aus wie ein junger Mann. Maria ist ganz schön erschrocken, als er sagt: »Ich bin ein Gesandter Gottes. Und ich soll dir sagen, daß du einen Sohn bekommen wirst. Sein Name ist Isa. Und er steht Gott ganz nahe.«

Ganz allein, weit weg von ihrer Familie, draußen im Freien unter einer Dattelpalme bekommt Maria ihr Baby. Sie geht aber bald nach Hause, und da geschieht wieder ein Wunder, denn das Baby spricht in der Wiege: »Ich bin der Diener Gottes. Ich bin sein Gesandter. Es ist meine Aufgabe, Gott anzubeten. Und zu den Menschen soll ich gut sein. Frieden liegt auf mir am Tag meiner Geburt, am Tag meines Todes und an dem Tag, wenn mich Gott wieder zum Leben erweckt.«

Isa ist ein besonderer Junge. Er ist klug. Schon als kleiner Junge lernt er die heiligen Schriften auswendig. Eines Tages spielt er im Schlamm. Aus Lehm formt er kleine Vögel und stellt sie rings um sich auf. Dann klatscht er in die Hände. Und ... sie werden le-

bendig und fliegen auf und davon.

Es wird erzählt, daß Isa ganz ärmlich lebt. Er ißt nur wilde Früchte und Kräuter. Er trägt auch nur einen einfachen Wollumhang. Mit seinen Freunden zieht er umher und spricht zu den Menschen von Gott. Er heilt Kranke. Sogar einen Toten macht er wieder lebendig.

Die großen Feste in meinem Leben

Geburt, Namensgebung und der erste Zahn

Vor einem Jahr ist mein Bruder Özgür geboren. Da hat sich die ganze Familie gefreut, und wir haben viel gefeiert. Kurz nach seiner *Geburt* hat mein Vater ihm den Gebetsruf ins rechte Ohr und das Glaubenszeugnis ins linke geflüstert. Eine Woche später wurde Özgür ein wenig Haar abgeschnitten, und er bekam seinen *Namen*. Spannend war es, darauf zu warten, daß *der erste Zahn* kam. Das war erst letzte Woche. Wer ihn als erster sieht, muß dem

Was nimmt Özgür zuerst –
Schere, Koran oder Goldstück?

Baby etwas schenken. Wir haben viele Gäste eingeladen. Es gab gekochten Weizen und Obst. Alle wollten wissen, was aus dem kleinen Özgür später einmal werden wird. Dazu werden eine Schere, der Koran und ein Goldstück vor das Baby gelegt. Greift es als erstes zur Schere, wird es einmal sehr geschickt sein. Nimmt es den Koran, wird es einmal ein guter Schüler werden. Will es aber zuerst das Goldstück haben, wird es einmal sehr reich sein. Das sagt zumindest meine Tante Necla.

Beschneidung

Wenn Özgür neun Jahre alt wird, feiern wir seine *Beschneidung.* Wahrscheinlich fahren wir dazu in die Türkei. Die Beschneidung wird zwei Tage lang gefeiert. Am ersten Tag feiert Özgür noch mit den Frauen zusammen, am nächsten darf er mit den Männer feiern. Dann gehen wir in die Moschee. Anschließend wird Özgür von den Männern durch die Stadt geführt. Das Beschneidungsbett wird festlich geschmückt. Bei der Beschneidung wird die Vorhaut seines Gliedes abgeschnitten. Die Juden tun dies auch. Danach müssen die Jungen noch einige Tage eine Art Nachthemd tragen. Alle Verwandten und Freunde besuchen ihn und schenken ihm Süßigkeiten oder Geld.

Wo wir unseren Glauben ausüben

Freitagmittag gehen wir in die *Moschee*. Dort findet ein gemeinschaftliches Gebet statt. Eine Moschee erkennt man schon von außen an dem schlanken Turm. Das ist kein Glockenturm, wie ihn die Kirchen haben. Er heißt *Minarett*. Von dort ruft uns der *Muezzin*, der Gebetsrufer, zum Pflichtgebet. Oft ist es auch einfach ein Lautsprecher. In Deutschland darf der Muezzin nicht rufen. Viele Moscheen haben ein kuppelförmiges Dach. Unser *Gemeinschaftsgebet* ist so ähnlich wie euer Gottesdienst. Aber in der Moschee sind keine Bänke. Alle beten in Richtung Mekka. Denn dort ist ja der Islam entstanden. Wir hören eine Predigt des *Imam*. Das ist unser Vorbeter. Männer und Frauen dürfen nicht zusammensitzen. Entweder befinden sich die Frauen und Mädchen in einem besonderen Raum oder zum Beispiel auf einer Empore hinter einem Vorhang.

Was wir Muslime essen und trinken

Wenn ich gefragt werde, warum wir kein Schweinefleisch essen dürfen, sage ich immer: »Weil unser Prophet es verboten hat«. Letzte Woche habe ich unseren türkischen Kinderarzt gefragt. Der ist auch Muslim. Ich sollte nämlich in der Schule erzählen, warum wir türkischen Kinder beim Schulfest keine Bratwürstchen essen dürfen. Zuerst wußte ich nicht, was ich sagen sollte. Dr. Özsinmaz hat mir erklärt, daß Schweine früher als unrein galten. Die Juden essen ja auch kein Schwein. Das Schweinefleischverbot ist eine Vorbeugemaßnahme gegen Trichinose, die durch Schweinefleischverzehr auf den Menschen übertragen werden kann. Darum ist es nötig, das geschlachtete Schwein sorgfältig zu untersuchen. Das ging zur Zeit Mohammeds noch nicht. Deshalb war es klug, das Essen von Schweinefleisch ganz zu verbieten. Heute wissen viele Menschen, daß Schweinefleisch nicht so gesund ist. Meine Freundin Sabrina hat erzählt, daß sie Vegetarierin ist. In ihrer Familie gibt es aus Gesundheitsgründen überhaupt kein Fleisch. Da war ich

richtig froh, nicht wieder allein in unserer Klasse Außenseiterin zu sein. Beim Schulfest gab es außer Grillwürstchen auch Döner Kebab aus Hammelfleisch. Das hat auch den Deutschen geschmeckt. Bei uns darf niemand Alkohol trinken.

Ich bin ein muslimisches Mädchen, eine Muslima

Meine Freundinnen fragen mich oft nach meinem Kopftuch. Und warum türkische Mädchen vieles nicht dürfen. Die finden das merkwürdig. Im Koran steht, daß muslimische Mädchen und Frauen ihren Körper verhüllen sollen. Als Mohammed noch lebte, waren manche Frauen nämlich nicht so gekleidet. Mohammed wollte, daß sich die Musliminnen von diesen Frauen unterscheiden. Sie mußten besonders auf ihren Ruf achten, weil sie einer neuen Religion angehörten. Im Koran steht zwar nicht genau, daß es ein Kopftuch sein soll. Aber bei uns in der Türkei ist das so üblich. Manche türkische Mädchen finden es nicht gut, daß sie ein Kopftuch tragen sollen. Sie ziehen sich in der Schule heimlich um. Aber viele wollen ihre Eltern nicht enttäuschen; denn sie wissen, daß die Eltern Angst um sie haben, weil in Deutschland den Mädchen mehr erlaubt ist. Wir tragen ein Kopftuch, damit man erkennen kann, daß wir uns nach dem Koran verhalten und die Familienehre achten.

Blöd ist das mit dem Schwimmunterricht. Der Islam hat überhaupt nichts gegen Schwimmunterricht für Mädchen. Aber es gehört sich nicht, daß die Jungen uns im Badeanzug sehen. Wenn die Mädchen zu einer anderen Zeit allein Schwimmen hätten, dürften sicher mehr islamische Mädchen mitmachen.

Letztes Jahr durfte ich nicht mit auf Klassenfahrt. Da war ich ganz schön enttäuscht und habe auch geweint. »Das mußt du verstehen«, haben meine Eltern gesagt. »Du mußt mittags deine Schwester Nurten vom Kindergarten abholen.« Meine deutschen Freundinnen waren ganz schön sauer. »Das ist wieder typisch«, haben sie gesagt. »Nicht nur, daß der kleine Hasan ständig den Aufpasser spielt, wenn wir zusammen ins Kino oder sonstwo hin wollen. Nein, dein Herr Bruder durfte natürlich mit dem Fußballverein wegfahren, obwohl er zwei Jahre jünger ist.« Ich habe mich echt darüber gefreut, daß Sarah und Sabrina mich unterstützen wollten. Aber ich habe auch versucht zu erklären, warum meine Eltern nein sagten. Es ist ja nicht so, daß sie mir nicht

vertrauen. Aber bei uns darf ein Mädchen nicht einfach allein wegfahren. Auch wenn jemand anders auf Nurten aufgepaßt hätte, hätten manche Nachbarn vielleicht gesagt, daß wir keine gute türkische Familie sind. Auch wenn wir in Deutschland leben, bleiben wir Türken und Muslime. Und wenn wir zurückgehen, bekomme ich keinen Mann, wenn ich als leichtsinnig und unordentlich gelte. Meine Eltern sind ziemlich altmodisch, weil sie aus Anatolien kommen. Es gibt türkische Eltern, die etwas moderner denken. Sabrina hat mich dann verstanden. Sie hat ihrer Großmutter von mir erzählt. Die wohnte in einem kleinen Dorf in der Eifel, und die Eltern waren streng katholisch. Deren größte Angst war damals, daß Sabrinas Oma den falschen Mann kennenlernen und der Familie Schande machen könnte.

Ich heiße Ranesch und bin 11 Jahre alt.
Ich bin Hindu.

HINDUISMUS

Oft werde ich gefragt:

Habt ihr einen Gott
            oder viele Götter?

                        Woran glaubst du?

        Habt ihr auch eine
                    Bibel?

                        Was sind eigentlich genau
                                    Kasten?

Warum sind Kühe
            bei euch heilig?

                    Was für
                        Feste feiert ihr?

glauben

Ich komme aus Indien. Das ist ein großes Land mit vielen Einwohnern. Die meisten sind Hindus. In unserer Religion gibt es viele Götter. Die größten sind *Brahma, Vishnu* und *Shiva*. Eigentlich sind sie drei Teile eines einzigen Gottes: Brahma hat die Welt geschaffen, Vishnu erhält sie, und Shiva zerstört sie wieder. Mein Guru, so heißen bei uns religiöse Lehrer, hat zu mir gesagt: Gott lebt in jedem von uns. Wir sollen ihn ein ganzes Leben lang suchen.

Shivas Milch

Eines Tages beschloß der König, dem Gott Shiva ganz besondere Ehrerbietung entgegenzubringen. Statt der üblichen Menge Milch und Honig zum Baden des Gottesbildes sollte am Montag soviel Milch bereitgestellt werden, daß das in einem tiefen Becken stehende Gottesbild völlig bedeckt sein würde. So wurde jedem Untertan befohlen, seine gesamte Milch am Montagmorgen zum Palast zu bringen.
Es wurde Montag. Die Kälber muhten und die Säuglinge weinten, weil sie hungrig waren. Die Kinder und die Erwachsenen

Vor dem Tempel

hatten auch keine Milch, aber sie konnten andere Dinge essen. Alle Milch wurde zum Tempel gebracht, aber das Becken wurde nicht voll, soviel der König auch hineingoß. Nach einiger Zeit ging der König traurig zum Palast zurück. Er ließ jedoch einige Wächter in der Nähe des Gottesbildes zurück, um beobachten zu lassen, ob noch mehr Milch gebracht würde. Eine alte Frau, die ein Stück entfernt im Dschungel wohnte, hatte dem Befehl des Königs nicht gehorcht. Sie fütterte erst ihr Kalb, dann ihre Enkel. Schließlich brachte sie die kleine Schale Milch, die übriggeblieben war, zum Tempel und goß die Milch über das Gottesbild. Sofort floß das Becken über. Erstaunt brachten die

Shiva

Wächter die alte Frau zum König und erzählten ihm, was geschehen war.

»Warum hast du nicht all deine Milch zu mir gebracht?« fragte der König.

»Mein Herr«, sagte sie. »Es ist meine Pflicht, erst meine Tiere und meine Kinder zu versorgen und dann das, was übriggeblieben ist, freiwillig Shiva zu geben.« Die alte Frau zitterte, während sie das sagte, weil sie dachte, sie würde für ihren Ungehorsam bestraft. Alte Menschen werden in Indien jedoch geachtet. Daher dachte der König eine Weile in Ruhe nach. Dann sagte er: »Großmutter, gehe in Frieden. Der Herr Shiva freut sich mehr über dich, die du für deine Familie gesorgt hast, als über mich, der ich Kälber und Säuglinge vor Hunger habe weinen lassen.«

Elizabeth Wilson

Unsere Lebensordnung heißt Dharma

Wir sollen nach dem *Dharma* leben. Das ist ein altes indisches Wort und bedeutet Ordnung. Es ist ein Gesetz, das alles im Leben regelt. Es gibt aber nicht für jeden die gleichen Vorschriften.

Hindus leben in Kasten

Jeder Mensch wird in eine bestimmte Kaste hereingeboren. Die oberste *Kaste*, die »Brahmanen«, lehren und studieren hauptsächlich. Die zweite Kaste, die »Kshatriyas«, zu der meine Familie gehört, sollen die anderen beschützen. Die »Vaishyas« sollen sich um Handel und Landwirtschaft kümmern. Die »Shudras« schließlich sind dazu da, die anderen zu bedienen. Alles hat bei uns also seine Ordnung, und jeder hat seinen Platz. Offiziell sind die Kasten heute jedoch verboten, weil alle Menschen die gleichen Chancen im Leben haben sollen. Doch so einfach läßt sich das nicht durchsetzen. Die schmutzigen Arbeiten werden bei uns meistens von den Kastenlosen gemacht. Das sind die Menschen, die man nicht berühren darf. Sie heißen auch »Unberührbare«. Wenn ein anderer Hindu ihnen die Hand gibt oder ihnen sonst zu nahe kommt, muß er sich hinterher gründlich reinigen. Der große Reformer *Mahatma Gandhi* hat sich besonders um diese Menschen gekümmert. Er hat sie »Kinder Gottes« genannt. Ich finde es gemein, wie diese Menschen behandelt werden.

Der Kreislauf der Wiedergeburten

Wir Hindus glauben, daß wir nicht nur einmal leben. Wir werden immer wieder geboren. Wenn unser Leben gut gewesen ist, werden wir als besserer Mensch vielleicht in einer höheren Kaste wiedergeboren. Aber wenn wir ein schlechtes Leben geführt haben, wird unsere Seele in einem weniger guten Menschen wiedergeboren. Vielleicht sogar in einem Tier. Entscheidend dafür ist immer unser *Karma*. Das ist ein uraltes indisches Wort. Es bedeutet all das, was wir in diesem Leben tun und das, was wir nicht tun, aber doch eigentlich tun sollten. Immer wiedergeboren zu werden ist keine schöne Sache. Irgendwann einmal möchte jeder Hindu nicht mehr wiedergeboren werden. Er will, daß sich das Rad der Wiedergeburt nicht mehr weiterdreht. Diesen Zustand kann man aber nicht in einem Leben erreichen, sondern nur nach mehreren Wiedergeburten. Wenn wir uns in jedem Leben etwas bessern, gute Taten begehen und meditieren, können wir es irgendwann schaffen.

Wir Hindus stellen uns diesen Zustand ganz unterschiedlich vor. Meine Eltern und ich glauben an den Gott Vishnu. Wir glauben, daß er uns vom *Rad der Wiedergeburten* befreien kann. In unserer Religion gibt es zwei verschiedene Wege, für die es zwei schöne Bilder gibt. Die eine Richtung heißt »Affenweg«. Wenn das Affenbaby in Gefahr ist, klammert es sich an seine Mutter, die es dann fortträgt. Das Äffchen muß also selbst auch etwas tun, um gerettet zu werden.

Bei den Katzen ist das völlig an-

Vishnu

ders. Das Katzenjunge wird von seiner Mutter im Maul fortgetragen. Es tut selbst nichts. Darum heißt dieser Weg »Katzenweg«. Andere Hindus, die nicht an einen Gott im Himmel glauben, sagen, daß ihre Seele in der großen Weltseele aufgehen wird – wie die vielen Flüsse im Ozean.

Unsere heiligen Bücher

Wir haben mehrere *heilige Bücher*. Sie erzählen vom Leben der Götter. Das älteste Buch heißt »Rig-Veda«. Es ist vor über 3000 Jahren geschrieben worden. Es gibt auch Bücher über religiöse Kulthandlungen und Brauchtum und über Opfer und Priester. Bei uns Kindern sind zwei heilige Schriften besonders beliebt. Die eine ist das »Ramayana«. Es erzählt die Geschichte von Gott Rama. Die andere ist die »Bhagavadgita«. In diesem Büchlein wird von Gott Krishna erzählt. Rama und Krishna sind Menschwerdungen des Gottes Vishnu. Immer wenn es auf der Welt ungerecht zugeht und alles wieder in Ordnung gebracht werden muß, tritt Vishnu in einer irdischen Gestalt als Held auf und macht alles wieder gut. Wir kennen zehn solcher Helden. Manche kamen als Tiere, als Schildkröte und eine Art Löwe. Wir wollen so sein wie Rama und Krishna. Wer Rama nacheifert, ist besonders friedfertig und ausgeglichen.

Ein Hindu liest im Rig-Veda.

Feste

Diwali

Wir haben viele schöne Feste. Besonders mag ich *Diwali*. Das ist ein großes Lichterfest. Dann leuchten ganz viele kleine Lampen in den Fenstern und Tempeln. Außerdem gibt es ein ganz tolles Feuerwerk.

Diwali wird zu Ehren der Göttin Lakshmi gefeiert. Sie ist die Frau Vishnus. Lakshmi ist die Göttin der Kaufleute. Das Feuerwerk und die vielen Lichter sollen zeigen: Diwali ist ein Fest, bei dem das Gute über das Böse siegt. Deswegen erzählen unsere Lehrer in den Schulen die Geschichte von Ramas Sieg über den bösen Rawana. Diwali wird im Herbst gefeiert.

Diwali, das hinduistische Lichterfest

Holi

Unser schönstes Frühlingsfest ist *Holi*. Dieses Fest feiern wir, um Krishna zu ehren. Auf den Straßen ist dann soviel los wie bei euch zur Karnevalszeit. Wir ziehen uns ganz weiß an und überschütten andere Menschen mit bunten Farben – rot, blau und grün. An so einem Tag darf sogar jemand aus einer anderen Kaste beschmiert werden. Das macht Spaß!

Die großen Feste in meinem Leben

Geburt und erster Haarschnitt

Auf der nächsten Seite seht ihr meinen kleiner Bruder Anand. Als meine Mutter schwanger war, veranstalteten die Verwandten schon vor der Geburt allerlei Bräuche. Dadurch wollte man das Baby und die Mutter vor bösen Einflüssen schützen. Alle wollten, daß es Mutter und Kind gutgeht.

Als meine Mutter schon einen ziemlich dicken Bauch hatte, besuchten uns alle Frauen aus der Verwandtschaft. Tante Rukshana hat meine Mutter mit einem Brei aus Reis und Ingwer bestrichen und ihr ein Band um das Handgelenk gebunden. Das sollte meine Mutter vor den bösen Geistern schützen.

Als Anand geboren wurde, haben wir uns alle riesig gefreut. Er hatte schon viele schwarze Haare und sah sehr niedlich aus.

Eine Mutter, die ein Baby bekommen hat, darf in den ersten Tagen nur von Frauen besucht werden. Am sechsten Tag findet eine sehr wichtige Feier statt. Eine Frau malt Mutter und Baby dann einen Fleck aus gelbem Ingwer auf die Stirn und verspricht, alle Sorgen des Kindes zu übernehmen. Sie ist so etwas wie bei euch eine Patentante.

Am elften oder zwölften Tag nach der Geburt bekommt das Baby seinen Namen. Wenn die Haare zum ersten Mal geschnitten werden, kommen ein Friseur aus der untersten Kaste und ein Priester.

Anand mit dem gelben Fleck
aus Ingwer auf der Stirn

Die Übergabe
der heiligen Schnur

Ganz wichtig ist es für Jungen der drei oberen Kasten, wenn sie die *heilige Schnur* bekommen. Das geschieht mit elf Jahren. Brahmanenkinder bekommen die Schnur schon früher, die anderen noch später. Die Feier dauert drei Tage. Dann ist ein Junge kein Kind mehr und ißt zum letzten Mal zusammen mit seiner Mutter. Ab dann ist er nur noch mit seinem Vater zusammen und liest die heiligen Schriften. Ein Guru, so heißen unsere religiösen Lehrer, unterrichtet ihn in den alten Texten.

Glauben leben

Das Bad im Ganges

Meine Familie, das sind: Eltern, Großvater, Großmutter, zwei Onkel und zwei Tanten. Ich bin vor kurzem mit meiner Familie zu unserer heiligsten Stadt Var-anasi gefahren. Und zwar auf einem Pilgerboot. Wir Hindus wollen einmal, wenigstens ein-mal in unserem Leben, nach Varanasi im Norden Indiens, um im heiligen Fluß *Ganges*, unserer »Mutter Ganga«, zu ba-den. Viele möchten hier später sterben; denn von hier aus ist der Weg zu den Göttern beson-ders einfach.

Drei Tage sind wir in Varanasi

Das Bad im Ganges

geblieben. Wir haben im Fluß gebadet und den Göttern geopfert. Das Schönste aber waren die Lichterschiffchen, die wir auf dem Fluß schwimmen ließen.

Die Verehrung der Kuh

Wir verehren die *Kuh*. Eigentlich wollen wir alle Tiere und Pflanzen gut behandeln, weil sie unseren Schutz brauchen. Aber die Kuh ist für uns besonders wichtig. Krishna hat lange als Kuhhirte gelebt.

Die Kuh ist sehr nützlich für uns Menschen. Wir brauchen ihre Milch und Butter als Nahrung, ja sogar ihren Urin und Kot als Brennmaterial. Alles, was von der Kuh kommt, ist für uns heilig. Aber nur die in den Tempeln gehaltenen Kühe sind

Eine heilige Kuh

wirklich heilig. Die anderen müssen arbeiten. In den Städten gibt es viele Kühe, die abgemagert sind, weil sie nicht genug zu fressen finden. Wir würden aber nie eine Kuh töten und ihr Fleisch essen. Das wäre für uns Sünde.

Wir feiern sogar eine richtige Kuh-Andacht. Dazu bauen wir im Freien einen Altar auf und schmücken ihn mit Blättern. Die Priester lesen Texte in der heiligen Sanskrit-Sprache vor, und es brennen Öllämpchen. Die schönste Kuh der Umgebung wird stellvertretend für die anderen Kühe an den Altar gebracht. Der Priester betupft sie mit geweihtem roten Pulver zwischen den Hörnern. Anschließend wird das gesamte Hinterteil bestreut, bis die ganze Kuh rot aussieht. Dann betupfen sich die Menschen die Stirn mit dem Pulver, das übriggeblieben ist.

Pujas (sprich: Pudscha) gibt es bei uns zu vielen Gelegenheiten. Wir haben zu Hause keinen eigenen Puja-Raum wie die reicheren Hindus, sondern eine Puja-Ecke. Jeden Tag beten meine Eltern und wir Kinder dort. Wir sitzen vor dem Bild Vishnus, zünden Räucherstäbchen an und sprechen Gebete. Wir schenken Gott auch Blumen und Speisen.

Puja, eine Andacht im Haus

Ich heiße Kanthi und bin 12 Jahre alt.
Ich bin Buddhistin.

Buddhismus

Oft werde ich gefragt:

Glaubt ihr an Gott?

Wer war eigentlich Buddha?

Woran glaubst du?

Gehen bei euch alle
ins Kloster?

Habt ihr auch heilige Bücher
wie die Bibel?

Was sind eure
wichtigsten Feste?

Buddha, Dhamma und Sangha

Ich komme aus Sri Lanka. Das ist eine Insel, die südlich von Indien liegt. Viele Menschen sind hier Buddhisten. Wir haben keinen Gott so wie Dan, Anna

Buddha-Statue

und Aysche. Unser großes Vorbild ist *Buddha*. Das ist ein Ehrenname. Er bedeutet »der Erwachte«. Buddha hat den *Dhamma*, die Lehre, verkündet. Alle, die seine Lehre befolgen, gehören zum *Sangha*, zur Gemeinschaft der Buddhisten.

Das Leben
Siddharta Gautama Buddhas

Mein Vater hat mir oft die Lebensgeschichte Buddhas erzählt. Buddha lebte vor ungefähr 2500 Jahren im heutigen Nepal. Das liegt nördlich von Indien. Eigentlich heißt er Siddharta Gautama und wird als Sohn eines reichen indischen Provinzgouverneurs geboren, der zum Shakya-Stamm gehört. Für uns Buddhisten beginnt Buddhas Leben nicht erst mit seiner Geburt. Schon vorher geschehen nämlich Wunder. Vor seiner Geburt als Mensch lebt der zukünftige Buddha im Tushita-Himmel. Er beschließt, in Gestalt eines weißen Elefanten auf die Erde hinabzusteigen. Der Elefant ist in Indien ein Sinnbild für Würde und Weisheit.

Es ist Frühling, die schönste der Jahreszeiten. Die Bäume stehen in reichem Blätterschmuck, die herrlichsten Blüten zieren sie in Überfülle. Da läßt sich der Herr der Welten nach genauer Prüfung zur richtigen Zeit aus dem Tushita-Himmel herab. Klar und bei vollem Bewußtsein geht er als junger weißer Elefant mit sechs Stoßzähnen zur rechten Seite in den Leib seiner Mutter Maya ein, als diese gerade Fastentage hält. Derweilen schläft sie beseligt auf ihrem Lager ein und träumt, daß sie noch nie zuvor so etwas Schönes gesehen und gehört, nie eine ähnliche Freude empfunden habe.

Der weise Asita

Siddhartas Vater ist überglücklich, als ihm Diener die Geburt seines ersten Sohnes melden. Er geht zu seiner Frau Maya und schaut sich das Kind an. Die weisen Brahmanen-Priester kommen herbei. Sie sagen voraus, daß der Neugeborene ein großer König sein wird, der über ein Friedensreich bis zur Weltmeergrenze herrschen wird. Als die Brahmanen dies geweissagt haben, betritt der alte ehrwürdige *Asita* den Palast. Er nimmt das Kind in die Arme und spricht:

Ein Buddha wird er sein,
ein Erwachter.
Er wird das Rad des Gesetzes
drehen.
Eine neue Lehre wird er
in Umlauf bringen.
Das Reich der Wahrheit wird
er begründen,
den Menschen zu
Heil und Freuden.

Auf einer seiner Ausfahrten begegnet Siddharta Gautama dem Alter.

Asita wird jedoch sehr traurig und weint, weil er nicht mehr leben wird, wenn Siddharta Gautama zum Buddha geworden ist.

Die vier Ausfahrten des Buddha

Buddhas Vater läßt seinen Sohn sorglos und im Luxus aufwachsen. Nur die angenehmen Dinge des Lebens will er ihm zeigen. Vor allem Übel will er ihn be-

wahren. Mit 16 Jahren heiratet Siddharta Gautama. Mit 19 wird er Vater eines Sohnes. Doch dann passiert es: Eines Tages unternimmt Siddharta Gautama drei *Ausfahrten* mit seinem Fahrer. Dabei begegnen ihnen folgende Gestalten: ein völlig abgemagerter Greis, ein Schwerkranker und ein Leichnam. Siddharta fragt, ob nur diese Personen alt, krank oder tot seien. Sein Fahrer aber antwortet: Niemand kann vor Alter, Krankheit und Tod fliehen. Dann begegnet ihnen auf der vierten Ausfahrt ein Bettelmönch. Siddharta ist von seinem einfachen und würdevollen Auftreten sehr beeindruckt. Er begreift: Dieser Bettelmönch ist freundlich zu jedermann und haßt niemanden. Dieser Bettelmönch denkt an sein eigenes Heil und an das Heil der anderen.

Mein und Dein

Schon früh erweist sich der spätere Buddha als weiser Schiedsrichter und gerechter Streitschlichter. Es gelingt ihm, andere Menschen von den üblen Folgen des Neides und der Besitzgier zu überzeugen.

Der König befahl, daß der Prinz nichts Trauriges, Häßliches oder sonst Unangenehmes sehen sollte. Viele Pflegerinnen mußten täglich um ihn sein und ihm alle Wünsche von den Augen ablesen. Nur im Palast oder in den anmutigen Parkanlagen durften sie sich mit dem Knaben aufhalten. Er sollte die Hütten der Armen nicht sehen, keinen Kranken oder von Körpergebrechen entstellten Menschen. Stets mußten die Pflegerinnen einen seidenen Schirm über ihn halten. »Daß nur nicht Kälte oder Hitze, Staub oder Tau ihn schädige!« trug ihnen der König auf.
So sollte der Prinz wie in einem Märchenland aufwachsen, in dem es kein Leiden gab.
Einmal stritten sich zwei seiner Pflegerinnen um Mein und Dein.
»Mir hat der König diesen Fächer geschenkt«, rief die eine.
»Du darfst ihn nicht nehmen.

Nimm deinen eigenen!« Darüber geriet en sie in bösen Zank; es fehlte nicht viel, daß sie sich gegenseitig durchs Gesicht kratzten.

Siddhartha – er war damals etwa zehn Jahre alt – saß ruhig und heiter da. Fast unmerklich hob er seine Hand. Dann sprach er:

»Ich will euch erzählen, was ich gestern gesehen habe, als ich mit meinen Vettern im Park spielte. Meine Vettern bauten Sandburgen, jeder verteidigte seine Burg und rief: ›Diese Burg ist meine, sie gehört nur mir. Keiner darf dort spielen, wo ich meine Burg baue!‹ Als alle Burgen fertig waren, stieß Vasudeva, ein kleiner, dicklicher Junge, die Burg seines Vetters Karna um und zertrat sie. Es machte ihm Spaß, sie mit seinen nackten Füßen zu zertrampeln. Da geriet Karna in helle Wut. Er zog Vasudeva bei den Haaren, riß ihn auf die Erde und schlug mit den Fäusten auf ihn ein. Auch die anderen Vettern liefen herbei, einige mit Stöcken, und schlugen Vasudeva. Als sich ihr Zorn gelegt hatte, spielten sie weiter mit ihren Sandburgen. Jeder sagte nun erst recht: ›Das ist meine Burg, das ist meine Burg. Niemand darf sie anrühren!‹ Dann wurde es Abend, und sie dachten daran, nach Hause zu gehen. Keiner scherte sich mehr um seine Burg.

Einer zertrat sie sogar, ein anderer stieß sie mit beiden Händen um, ein dritter zerstörte sie mit Steinwürfen. Alle wollten nach Hause. Keiner schaute mehr nach den Burgen zurück.«

Siddhartha sagte das ohne Befehl und Vorwurf. Siddhartha tadelte niemals andere Menschen. Niemals befahl er Menschen etwas. Er war hell, er war heiter, er durchschaute alles, er machte froh.

Die Pflegerinnen schauten sich an und umarmten sich, entzückt von dem Prinzen, der so schön und natürlich sprach. »Nimm meinen Fächer, so oft du willst!« sagte die Besitzerin des Fächers. »Siddhartha hat uns gelöst von unserem Neid und Besitzstolz.«

Paul Schwarzenau

Buddhistischer Tempel (Stupa) auf Sri Lanka

Buddha wird Bettelmönch

Da faßt Siddharta einen Entschluß. Er rasiert sich Bart und Haupthaar. Das war damals bei heiligen Männern üblich. Dann zieht er die gelben Asketengewänder an, verläßt seine Familie und beginnt, in die Fremde zu wandern. Er geht in die Schule mehrerer Gurus. So nennt man bis heute unsere weisen Lehrer. Er merkt aber, daß übertriebenes Fasten nicht gut ist. Deshalb ißt und trinkt er wieder, aber alles in Maßen.

sten. In einer Vollmondnacht des Frühlingsmonats Wesak nämlich setzte sich Buddha unter einen Feigenbaum und dachte sehr lange und tief nach. Plötzlich begriff er: Unser ganzes Leben ist Leiden. Alle Menschen leiden darunter, daß sie immer mehr haben wollen, immer reicher werden und angenehmer leben wollen. Daß sie oft nicht die Wahrheit sagen und über andere Menschen schlecht reden. Daß sie Tiere töten und ihr Fleisch essen. Siddharta Gautama hat einen Weg gefunden, der mit diesem Lei-

Lotusblumen, Sinnbild des Buddhismus

Unsere heilige Nacht

Wir Buddhisten haben auch eine *heilige Nacht*. Sie ist aber ganz anders als die der Chri-

den Schluß macht. Er hat verstanden: Wir müssen unbedingt mit der Gewalt aufhören. Wir müssen alle überflüssigen Wünsche aufgeben. Von da an ist aus Siddharta Gautama ein *Buddha*, ein »Erwachter«, geworden.

Nirwana

Alle Buddhisten haben ein großes Ziel. Sie wollen irgendwann ins *Nirwana* gelangen, wo es kein Leiden mehr gibt. Dazu müssen wir den »edlen achtfachen Pfad« beschreiten. Der sagt uns, wie wir uns im Leben richtig verhalten und Buddhas Lehre richtig erkennen können. Ein wichtiger Teil des Pfades sind die fünf »Sila-Gebote«: Wir sollen nicht töten, stehlen, lügen, unkeusch sein und keine Drogen nehmen. Die Mönche müssen noch fünf weitere Gebote streng einhalten.

Unsere heiligen Bücher

Unser wichtigstes heiliges Buch heißt *Tripitaka*, der Dreikorb, weil die auf Palmblättern geschriebenen Texte in drei Körben gesammelt wurden. Der erste Korb enthält die Regeln für das Leben der Mönche und Nonnen. Der zweite Korb erzählt vom Leben Buddhas und enthält seine Predigten. Der dritte Korb beschäftigt sich mit der Lehre.

Unsere großen Feste

Wesak

Unsere Feste werden nicht nach dem Sonnenkalender, sondern nach dem Mondkalender gefeiert. Daher kommt es, daß die Feste jedes Jahr an anderen Tagen eures Sonnenkalenders liegen. Buddhistische Feste fallen immer auf »Uposatha-Tage«. Das heißt »Fasten«. Doch nicht an allen Uposatha-Tagen muß man fasten. Uposatha-Tage liegen immer an Vollmond, Neumond und am 1., 8., 15. und 23. eines Monats. Im Mai feiern wir ein Fest, das einmalig auf der ganzen Welt ist. Es heißt *Wesa*-Fest, weil es im Monat Wesak gefeiert wird. Wir feiern Wesak aus drei Gründen: erstens weil Buddha geboren wurde, zweitens weil er in der heiligen Nacht das Wissen bekommen hat und drittens weil er nach seinem Tod in das Nirwana eingegangen ist. Zu Wesak verschicken wir immer schöne Postkarten an unsere Verwandten, Freunde und Bekannten, und wir beschenken uns reich. Meine Eltern laden an diesem Tag Pilger, die auf Wanderschaft sind, zum Essen ein. Ihr solltet einmal sehen, wie unsere Straßen dann herrlich geschmückt sind. Überall flattern bunte Fahnen und Laternen. Und überall strahlen Kerzen und Lampen. An den Straßen hängen große Poster, auf denen wichtige Geschichten aus dem Leben des Buddha abgebildet sind.

Poson
• •

In Sri Lanka feiern wir am Vollmond im Juni das *Poson*-Fest. Es erinnert daran, wie vor über 2000 Jahren der Buddhismus auf unsere Insel kam.

Esala Perahera
• •

Am 15. Tag unseres sechsten Monats findet das große *Esala Perahera*-Fest statt. Es erinnert erstens daran, wie Buddha aus dem Palast seiner Eltern ausgezogen ist und zweitens wie er als Buddha seine erste Predigt gehalten hat.

An diesem Fest findet ein großer Umzug in Kandy statt, wo der Zahn Buddhas in einem sehr großen Behälter aufbewahrt wird. Am Esala Perahera wird dieser Zahn auf dem Rükken eines Elefanten durch die bunt geschmückten Straßen getragen.

Das Ende der Regenzeit
• •

Das *Ende der Regenzeit* feiern wir auch. Ihr könnt euch kaum vorstellen, wie froh wir sind, wenn nach drei Monaten der ständige Regen endlich aufhört! Wir schmücken dann unsere Häuser und denken daran, daß der Buddha vom Tushita-Himmel herabgekommen ist. Überall finden kleinere und größere Feiern statt, bei denen wir unseren Mönchen aus den Klöstern neue Gewänder schenken. Die Mönche färben ihre Roben dann gelb oder rötlich ein.

Die großen Feste in
meinem Leben

Eintritt in das Kloster

Jeder buddhistische Junge geht einmal für eine gewisse Zeit ins Kloster, weil er wie Buddha sein will. Jeder geht mindestens drei Monate lang ins Kloster, also so lange wie die Regenzeit dauert. In unseren Zeitungen kann man lesen, wer gerade ins Kloster eintritt. Die Familien gehen vorher zu einem Sterndeuter. Er soll

Zwei buddhistische Jungen nach dem Eintritt ins Kloster

den besten Zeitpunkt herausfinden. Der zukünftige Mönch verschickt Karten an Freunde und Bekannte. Wochenlang vorher übt er die jeweiligen Pali-Texte, die er bei der Einweihungsfeier vorlesen muß. Mein Freund Upali bekam die Haare geschnitten und zog ein weißes Gewand an. Andere Mönche haben einen riesigen goldfarbenen Schirm über ihm ausgebreitet. Seine Eltern trugen die acht Sachen, die ein Mönch braucht: eine Schale für die Almosen, drei Gewänder, einen Gürtel, ein Rasiermesser, eine Nadel und einen Wasserfilter. Denn das Wasser bei uns ist nicht überall zum Trinken geeignet. Wenn die Zeremonie vorbei ist, darf er das gelbe Gewand anziehen. Dann gehört er zum Kloster.

Wie und wo wir unseren Glauben leben

An einer Zimmerwand haben wir ein Brett angebracht. Darauf steht ein Bild von Gautama Buddha, vor dem wir Lotos-blumen-, Weihrauch und Kerzen opfern. Die Kerzen bestehen bei uns in Sri Lanka aus Kokosnußöl. Wenn wir uns dem Wandbrett nähern, ziehen wir unsere Schuhe aus und setzen uns auf die bereitliegenden Kissen auf dem Fußboden. Wenn uns die Mönche aus dem Kloster besuchen und die *Puja* leiten, dann sitzen sie auf Stühlen, also höher als wir. Bei der Puja sprechen wir dreimal hintereinander die Worte:

> *Ich nehme meine Zuflucht*
> *zu Buddha.*
> *Ich nehme meine Zuflucht*
> *zur Lehre.*
> *Ich nehme meine Zuflucht*
> *zur Gemeinde.*

Wenn meine Eltern Blumen opfern, dann denken sie daran, daß auch die schönsten Blüten einmal verwelken. Wenn sie die kleinen Kerzen anzünden, denken sie an den Buddha, der das Licht der Welt ist. Auch der süße Weihrauchduft erinnert uns an den Buddha. Während der Puja sprechen wir viele Gebete.

Betende vor einer Buddha-Statue

Elke Andersen und ihrem Kindergarten Bad Münstereifel-Kalkar gewidmet

Die Deutsche Bibliothek – CIP-Einheitsaufnahme

Tworuschka, Monika:
Die Weltreligionen – Kindern erklärt : wie andere leben – was
andere glauben / Monika und Udo Tworuschka. Ill. von
Rüdiger Pfeffer. – 3. Aufl. – Gütersloh : Gütersloher Verl.-Haus, 1999
ISBN 3-579-02206-7
NE: Tworuschka, Udo:

Quellenvermerk

S. 19 © Johann Friedrich Konrad, Dortmund.
S. 34 aus: Rolf Krenzer / Volker Fritz, 100 einfache Texte zum Kirchenjahr,
© Verlag Ernst Kaufmann, Lahr.
S. 52 © Ahmad von Denffer, München.
S. 66 aus: W. Owen Cole (Hg.), Religion in the Multi-Faith School, Leeds.
S. 83 © Paul Schwarzenau, Dortmund.

ISBN 3-579-02206-7
3. Auflage, 1999
© Gütersloher Verlagshaus, Gütersloh 1996

Umschlagillustration: Rüdiger Pfeffer, Münster
Graphische Gestaltung: Beate Nottbrock, Gütersloh
Satz: Weserdruckerei Rolf Oesselmann GmbH, Stolzenau
Druck und Bindung: Clausen & Bosse, Leck
Gedruckt auf chlorfrei gebleichtem Werkdruckpapier
Printed in Germany